Cuina Portuguesa per a Principiants
Descobreix els Secrets de la Taula Lusitana

Maria Silva

1 SOPA VERDA DE GRANJA 12
2 SOPA DE KALE I CHOURIÇO 15
3 BOMBAS DE MANTALLA I SOPA D'ESPINACS 17
4 BISQUETA DE VEGETALS DE GAMBES 19
5 MARISC PORTUGUES 22
6 SOPA DE VERDURES DE COL SAVOIA 25
7 LA SOPA DE VERDURES DE LES MONTES VERDES 27
8 SOPA DE FOVES BLANQUES 29
9 SOPA CASERA DE POLLATRE DE LA CARMELINA 31
10 SOPA DE COL DE CIGROS 34
11 GAMBA PICANT A L'ESTIL PORTUGUS 37
12 CROQUETES DE BACADILLÓ I PATATE 39
13 EMPANADES DE GAMBES 43
14 PINÇA PETITE A BULHÃO PATO 48
15 PASTISTS DE BACADILLÓ 50
16 BOSQUES DE CARN DE FOSSADA 52
17 CROQUETES DE CARN SALADA 54
18 PLAT FRED ESTIL PORTUGUÉS 56
19 BRUSCHETTA ESTIL PORTUGUS 58
20 PANXETES DE PORC A LA GRILLA 60
21 POLLO DE PORC A L'ESTIL MINHO 62
22 PLAT DE FORMATGES A L'ESTIL PORTUGUS 64
23 MONTA VERMELLA I XILE CHOURIÇO 66

3

24 CHOURIÇO A LA BRILLA 68
25 SARDINES A LA GRILLA AMB CEBA I PEBRE 70
26 AMANIDA DE POP ALL 73
27 AMANIDA DE CIGROS I OU 75
28 OUS DEVIDATATS 77
29 AMANIDA DE TONYINA ESTIL PORTUGUES 79
30 PA CHOURIÇO I PERNIL ESTIL CHAVES 82
31 PA DOLÇ PORTUGUS 86
32 PA DE BLAÇA ARTESANA 89
33 ROTLLES PORTUGUSOS 92
34 PA DE CHOURIÇO 94
35 PA CASEROSA 96
36 PA PLA DE ROMÍ ALL 98
37 ARRÒS PORTUGUES 102
38 ARRÒS RABE DE Bròquil 104
39 ARS ESTIL PORTUGUES DE MONTEJA VERDA 106
40 ARRÒS DE CIGRÓ 108
41 ARRÒS AMB TOMÀQUET 110
42 PATATES A ESTIL PORTUGUÉS 112
43 PATATES ARRESTIDES PUNTADAS 114
44 TRUITA DE PATATES AMB PRESUNTO 116
45 AMANIDA DE PATATA A ESTIL PORTUGUS 118
46 OU DE TOMÀQUET I AMANIDA DE PATATA 120
47 Teixit portuguès de crustacis 122

48GAMBETES FERCIDES AL FORN A L'ESTIL PORTUGUS 124

49GAMBETES AMB ARRÒS AMB PIDOLS 128

50ARRÒS DE MARISC 130

51CLOIXES AMB CHOURIÇO 132

52ESTIL COD À GOMES DE SA 134

53Bacallà amb cigrons 137

54ESTIL BRAZ COD 139

55Bacallà al forn AMB PATATES I CEBA 141

56ESTIL COD À ZÉ DO PIPO 143

57BOOSTER ESTIL ESPANYOL 145

58FILETS DE PEIX FREGITS A LA PAella 147

59CALAMARS CUITS 149

60CALAMARS A L'ALL 151

61Teixit de marisc portuguès 153

62ARRÒS DE POP 155

63POP AL FORN AMB PATATES 157

64CONILL MODAT AMB ARRÒS 159

65ESTIU CAÇADOR DE CONILL 161

66POLLATRE AL PEBRE ROST 163

67POLLATRE AL ROMÈR AMB LLIMONA I PIBRENÇÓ ... 165

68POLLASTRE A LA GRAELLA 167

69POLLATRE PIRI PIRI AL FORN 170

70POLLATRE A LA PORTUGUESA AMB ARRÒS 172

71 TURQUIA ROSA A L'ESTIL PORTUGUS 174
72 PORC MODERAT I CLÍÏSES ESTIL ALENTEJANA 177
73 LLOM DE PORC FARCIT DE PRESUNTO 180
74 TIRES DE PORC A LA GRILLA AMB CEBA I PEBRE 183
75 LLOM DE PORC FREGIT AMB CEBA I ALL 186
76 PORC ESTIL TRASMONTANA GUISAT DE FEVETS 188
77 VIATGE I PARADA DE FEVA BLANCA 191
78 PORC CUIT AMB PATATES 194
79 FROTGE SEC DE PORC PORTUGUÉS 196
80 ESPATLETA DE PORC ASSORT AMB PATATES ARRESTIDES 198
81 BIS I OUS A L'ESTIL PORTUGUS 200
82 BROCHETS DE CARN DE VEDA PICANTS DE KABOB .. 202
83 TRUITA DE CHOURICO 204
84 TARTES DE NATILLA PORTUGUESA 207
85 CUA D'ESPONJA PORTUGUESA 211
86 ARRÒS DOLÇ DE LLIMONA 213
87 ÀNGEL SEU POSTRES DE PASTA 215
88 MASA FREGIDA AMB SUCRE I CANYELLA 217

El menjar sempre ha estat una part central de l'organització de tertúlies de la cultura portuguesa, creant un ambient acollidor que fa que fins i tot un desconegut se senti com a família. Molts de nosaltres tenim un bon record d'aquests moments i dels plats portuguesos compartits per la nostra família i amics.

Vaig créixer en una gran família amorosa d'immigrants portuguesos que vivien a Amèrica, on el menjar, la cultura i la tradició portuguesa van tenir un paper important en la nostra vida quotidiana, en cada celebració familiar i durant les vacances. Al llarg dels anys, he mantingut vives aquestes tradicions preparant receptes clàssiques per a la meva pròpia família i amics que es van transmetre pels meus avantpassats.

Guardo els records d'aquests plats que em van inspirar per crear el Blog de la Tia Maria. Amb l'ajuda i l'ànim de la meva filla Lisa, vam començar el nostre treball d'amor compartint les nostres receptes. El nom del lloc, "El bloc de la Tia Maria", que significa "El bloc de la tia Maria", es va inspirar en el fet que tinc més de 30 cosins que es refereixen a mi com "Tia Maria". La majoria de famílies portugueses també tenen la seva pròpia "Tia Maria", cosa que fa que el nom sigui molt familiar i memorable a la nostra cultura.

Moltes persones amb una vida portuguesa digna a països d'arreu del món s'han posat en contacte amb mi per demanar ajuda per trobar receptes perdudes que els seus familiars no els van oblidar o que mai els van transmetre. Ha estat una experiència molt gratificant trobar moltes d'aquestes receptes perdudes i el procés ha estat una autèntica inspiració per a mi per escriure aquest llibre de cuina.

El que va començar com simplement compartir receptes al meu bloc ara s'ha convertit en un compromís de preservar la rica cultura alimentària portuguesa, promocionar la cuina del país i inspirar a la gent a aprendre a cuinar aquestes receptes perquè les puguin transmetre a la següent generació.

Les receptes d'aquest llibre de cuina són fàcils de preparar per al cuiner de casa quotidià, estan fetes amb ingredients senzills i requereixen un equipament bàsic que la majoria dels cuiners casolans tenen a la seva cuina. Vine, deixa que la Lisa i jo us mostrem com cuinar 101 receptes portugueses fàcils perquè pugueu tastar Portugal i crear records familiars especials.

1 SOPA VERDA DE GRANJA

Caldo Verde

Comencem la primera recepta amb la clàssica sopa reconfortant "Caldo Verde", la sopa més estimada i popular de la cuina portuguesa, que prové de les exuberants terres verdes de la regió nord de Minho de Portugal, on vaig néixer.

La sopa està elaborada amb ingredients bàsics de puré de patata i ceba, col rizada, oli d'oliva ric i enriquit amb la botifarra de xouriço amb gust de pebre vermell fumat. Apareix a la majoria dels menús dels restaurants portuguesos i se serveix en casaments i esdeveniments especials. Les mans fortes de la meva mare em van ensenyar a chiffonar la kale en tires petites i afegir-la a la sopa durant els últims 5 minuts de cocció perquè mantingués el seu bonic color verd.

Racions: 8-10

10 patata vermella o una patata sense midó

6 tasses de brou de pollastre o verdures

6 tasses d'aigua

2 cebes grans

2 grans d'all

1 fulla de llorer gran

¼ tassa d'oli d'oliva o més al gust

1 cullerada de sal

½ culleradeta de pebre

1 xouriço mitjà sencer (esbandit)

6 tasses de kale rentada (chiffonade molt prima)

Preparació

Col·loqueu l'aigua, el brou, les patates, la ceba, l'all, l'oli d'oliva i el llorer en una cassola gran. Cuini a foc fort durant 20 a 30 minuts fins que les patates estiguin completament cuites.

Retirar del foc i treure la fulla de llorer. Tritureu la sopa amb una batedora de pal fins a obtenir una consistència cremosa.

Rentar el xouriço i punxar-lo amb una forquilla i afegir-lo a la sopa. Coure uns 10 minuts. Traieu el xouriço i talleu-lo a rodanxes d'¼ de polzada per utilitzar-los com a guarnició més tard.

Afegiu el kale a la sopa i cuini entre 5 i 8 minuts abans de servir.

Si ho desitja, cuini més temps al vostre gust.

Quan estigui llest per servir la sopa, poseu 3 llesques del chouriço reservat a cada bol per decorar. Afegiu un raig d'oli d'oliva a la sopa i pebre negre recentment mòlt al gust.

Observació:

Podeu cuinar el xouriço en una olla a part amb aigua bullint si no voleu una sopa fumada.

La meva recepta és per a una olla gran de sopa que es conservarà uns dies a la nevera.

Si l'endemà observeu que s'ha espessit, només cal afegir una mica d'aigua bullint per fer un brou més prim.

2 SOPA DE KALE I CHOURIÇO

Sopa de Couve com Chouriço

La sopa de col rizada és molt popular a la nostra cuina, però sovint es confon amb la sopa de Caldo Verde. Aquesta recepta és una versió de les Açores que utilitza patates gruixudes i kale picada en lloc de puré de patates. Aquesta sopa té botifarra de chouriço a rodanxes, patates gruixudes, tomàquets madurs triturats i col rizada picada.

Hi ha moltes variacions d'aquesta recepta. Alguns cuiners afegeixen mongetes vermelles, blanques, cigrons o fins i tot pasta. Si preferiu un brou més gruixut, deixeu coure la sopa a foc lent durant almenys una hora perquè les verdures es dissolguin i creï una sopa més espessa. Serveis 6-8

3 patates (pelades i tallades a daus d'1 polzada)

4 tasses de brou de pollastre

2 tasses d'aigua o més

De 3 a 4 tasses de col (picada)

2 cullerades d'oli d'oliva

1 ceba gran (picada)

2 grans d'all (picats)

1 fulla de llorer

1 llauna (32 oz) de mongetes vermelles

1 culleradeta de sal

½ culleradeta de pebre

Oli d'oliva per guarnir

1 16 unces. pot de tomàquet tallat a daus

1 botifarra de xouriço o linguica mitjana (tallada a rodanxes de ¼ de polzada de gruix)

Preparació

En una cassola gran, sofregiu les cebes i el xouriço en l'oli d'oliva durant uns minuts fins que la ceba estigui translúcida.

Afegiu-hi el brou, l'aigua, les patates, l'all, el llorer i la col. Coure uns 5 minuts.

Afegiu les mongetes, els tomàquets i deixeu-ho bullir.

Tapeu, reduïu el foc a baix i continueu cuinant fins que les patates estiguin tendres, entre 15 i 20 minuts més.

Serviu-ho amb un raig d'oli d'oliva per sobre.

Observació:

Podeu substituir les mongetes per mongetes blanques o cigrons si ho preferiu.

Si ho preferiu, afegiu més aigua bullint per diluir el brou.

Cuini més temps si preferiu un brou més espes.

3BOMBAS DE MANTALLA I SOPA D'ESPINACS

Sopa de Abóbora i Espinafres

Aquesta sopa saludable té una base de carbassa butternut i puré de pastanaga que fa un brou ric i saborós. Podeu substituir els espinacs per qualsevol col de fulla verda, però cuineu les verdures més temps al vostre gust desitjat. Serveis 6-8

2 tasses de carbassa butternut (picada)

2 pastanagues grans (picades)

8 tasses d'aigua

1 ceba gran

1 ceba tendra (opcional)

¼ tassa d'oli d'oliva

1 culleradeta de sal

¼ culleradeta de pebre

2 daus de brou de pollastre

1 culleradeta de mantega

1 ceba tendra

2 tasses d'espinacs infantils

Preparació

Cuini tots els ingredients amb l'aigua excepte els espinacs i la mantega en una olla mitjana fins que les verdures estiguin tendres.

Retireu la cassola del foc i afegiu-hi la mantega.

Tritureu les verdures amb una batedora de mà fins que quedin suaus i cremoses.

Torneu la sopa al foc a foc lent i deixeu-ho coure a foc lent durant uns 5 minuts.

Rentar els espinacs i afegir-los a la sopa.

Cuini els espinacs durant només 5 minuts o més segons el vostre gust.

Serviu amb pebre negre mòlt si voleu.

4BISQUETA DE VEGETALS DE GAMBES

Caldo de Camarao

La sopa d'aquest amant de les gambes està farcida d'herbes saboroses i especiades amb gust de gambes. El brou s'elabora amb gambes senceres, incloent-hi els caps i les closques, fent ressaltar el ric sabor de les gambes.

Aquesta recepta la vaig aprendre fa molts anys d'un xef portuguès que es deia José quan treballava al restaurant portuguès del meu germà. Era un gran cuiner, però molt temperamental a la cuina. Els seus canvis d'humor eren evidents en els forts ecos que emanaven de les olles i paelles que sovint es llençaven a la cuina. Serveis 8-10

2 lliures de gambes crues (30 a 40) per lliura (si està disponible)

1 ceba gran (picada)

1 gra d'all gran

4 pastanagues grans (pelades i tallades)

2 raïms d'api (pelat i picat)

8 tasses d'aigua

2 cullerades d'oli d'oliva

2 daus de brou de gambes

2 cullerades de mantega

1 culleradeta de pebre vermell en pols

1 o 2 culleradetes de sal (segons el vostre gust)

1 culleradeta de pebre blanc

1 a 2 culleradetes de piri piri o salsa tabasco

½ tassa de Vinho Verde o vi blanc

½ tassa de nata (opcional)

3 rotllos portuguesos per fer crostons

Falcons de llimona per guarnir

Julivert o coriandre picat per guarnir

Preparació

Peleu i desveneu les gambes, reservant les closques i els caps. Esbandiu les closques i reserveu la carn de gambes.

En una cassola gran, afegiu les 8 tasses d'aigua, les closques i els caps de gambes, la meitat de la ceba, l'all, l'api, les pastanagues, la sal i el pebre i deixeu-ho coure durant 20 minuts.

Colar el brou i descartar les closques. Torneu les pastanagues, la ceba i l'api al brou. Busqueu trossos petits de closca i traieu-los.

Tritureu la sopa amb una batedora manual fins que la sopa tingui una base cremosa. Colar la sopa per un colador fi per agafar qualsevol closca o fil de verdures. Torneu la sopa al foc a foc lent.

Mentrestant, en una paella mitjana, sofregiu la ceba restant amb l'oli d'oliva i la mantega fins que estigui translúcida.

Afegiu-hi les gambes, el brou, el vi, el pebrot i el piri piri. Coure uns minuts fins que les gambes estiguin rosades. Retireu la meitat de les gambes cuites i reserveu-les.

Afegiu la resta de gambes i la salsa de ceba a l'olla i tritureu fins a obtenir una consistència cremosa. Cuini la sopa a foc lent durant 10 minuts.

Talleu a la meitat les gambes cuites reservades i afegiu-les a la sopa. Coure a foc lent durant 5 minuts.

Tasteu la sopa i afegiu-hi més sal i pebre blanc al gust.

Feu els crostons:

Talleu els rotllos portuguesos a rodanxes petites d'¼ de polzada. Pinteu-ho amb mantega i alls i torrau-los al forn o en una torradora fins que estiguin daurats. Reservar per guarnir.

Serviu la sopa:

Quan estigui llest per servir, poseu-lo en bols amb uns trossos de meitats de gambes i una llesca de crostons portuguesos torrats al centre.

Afegiu el coriandre o el julivert com a guarnició si voleu. Si voleu, premeu una mica de llimona a la sopa.

Observació:

Si t'agrada una sopa més cremosa, només has d'afegir una mica de nata muntada.

Deseu sempre les vostres closques de gambes sobrants de les vostres receptes per fer brou de gambes. Esbandiu les cloïsses, assequeu-les i poseu-les en bosses de congelador

5MARISC PORTUGUES

Sopa de Marisco

Coneguda pels romans com a Lusitània, Portugal era molt apreciada pel seu marisc collit al llarg de la costa i després enviat a Roma. Avui dia, la població portuguesa es troba entre els majors consumidors de peix per càpita del món. Aquesta sopa presenta els sabors del mar collit pel pescador barrejats amb espècies picants per crear un brou suculent. Servir amb baguette per submergir-lo a la sopa. Serveis 8-10

1 ceba gran (tallada a daus)

¼ tassa d'oli d'oliva

1 lliura de patates (pelades i tallades a daus de 2 polzades)

1 lliura de gambes (amb closca)

8 petxines petites de coll

1 lliura de vieires

1 llagosta fresca tallada a trossos

1 lliura de calamars nets (picats)

1 tomàquet petit (tallat a daus)

1 cullerada de pasta de tomàquet

1 pebrot petit (tallat a daus)

4 tasses de brou de peix o suc de cloïsses

2 tasses d'aigua

½ tassa de vi blanc

1 fulla de llorer

1 culleradeta de pebre vermell en pols

¼ tassa de tomàquets triturats

¼ culleradeta de pebre vermell

Sal i pebre al gust

Coriandre o julivert picat (decoració)

¼ culleradeta de pebre vermell mòlt (opcional)

Preparació

En una paella gran, sofregiu la ceba amb l'oli d'oliva fins que quedi transparent.

Afegiu-hi el llamàntol, els tomàquets, els pebrots, el llorer i el vi i deixeu-ho coure uns minuts fins que estigui lleugerament daurat.

Afegiu les patates, el vi, l'aigua, el brou, el pebre vermell, la pasta de tomàquet i les espècies i deixeu-ho coure a foc mitjà durant uns 15 minuts.

Afegiu-hi les cloïsses, les gambes, els musclos i els calamars i deixeu-ho coure fins que s'obrin totes les cloïsses i els musclos, la qual cosa hauria de trigar uns 10 a 15 minuts.

Afegiu-hi flocs de pebre vermell triturat si voleu. Decoreu amb coriandre o julivert.

Servir amb baguette

6 SOPA DE VERDURES DE COL SAVOIA

Sopa Juliana

La col és un element bàsic de la cuina portuguesa i sovint se serveix en sopes o com a guarnició amb un raig d'oli d'oliva i vinagre. Aquesta senzilla sopa és fàcil de fer i molt versàtil ja que pots utilitzar qualsevol tipus de brou, com pollastre, vedella o verdura. Per obtenir una sopa més carnosa, cuina un pernil o un os de vedella juntament amb les verdures durant almenys una hora. Serveis 8-10

4 tasses de col Savoy o normal tallada en tires d'1 polzada (2,5 cm).

2 patates grans

4 pastanagues

4 tasses d'aigua

4 tasses de brou de vedella, pollastre o verdures

½ tassa d'arròs o pasta

1 ceba gran

1 gra d'all

3 cullerades d'oli d'oliva

1 culleradeta de sal

1 culleradeta de pebre

Flocs de pebre vermell triturat (opcional)

Preparació

Col·loqueu l'aigua i el brou, les pastanagues, les patates, les cebes, l'all, la sal i 1 tassa de col en una olla gran. Portar a ebullició i coure a foc mitjà durant 30 minuts. (Coeu al forn durant almenys 1 hora si afegiu un os de sopa.)

Quan les verdures estiguin cuites, tritureu la sopa amb una batedora manual fins a la consistència desitjada.

Afegiu-hi la col, l'arròs o la pasta restants i l'oli d'oliva i deixeu-ho coure a foc lent durant 20 minuts més. Abans de servir, afegiu-hi pebrot recent mòlt i pebrot vermell triturat, si voleu.

Aboqueu una mica d'oli d'oliva al bol abans de servir

Observació:

Podeu afegir més aigua si observeu que la sopa s'ha espessit en tornar a escalfar.

7 LA SOPA DE VERDURES DE LES MONTES VERDES

Sopa de Feijão Verde

Les mongetes verdes planes portugueses d'herència fan aquesta sopa abundant. Moltes famílies de la comunitat portuguesa cultiven aquestes mongetes al seu hort i emmagatzemen les llavors de mongetes seques per plantar-les la temporada següent. Si no teniu aquestes mongetes verdes a casa, podeu substituir-les per mongetes verdes planes italianes de l'illa de verdures congelades del vostre supermercat. Un cop proveu aquestes mongetes verdes, mai voldreu tornar a les mongetes verdes estàndard a les vostres receptes. Racions: 8-10

1 ceba gran (picada)

3 pastanagues grans (picades)

1 tija d'api

1 gra d'all gran

3 cullerades d'oli d'oliva

1 fulla de llorer gran

1 llauna de mongetes blanques del nord

2 tasses de mongetes verdes planes fresques o 1 (caixa de 9 oz de mongetes verdes congelades italianes)

6 tasses d'aigua

2 tasses de brou de pollastre (o de verdures si ho prefereixes)

1 cullerada de sal

1 culleradeta de pebre

2 culleradetes de salsa de tomàquet o (1) tomàquet madur petit

2 tasses de pasta petita

Preparació

En una olla gran, sofregiu les cebes i les pastanagues en oli d'oliva fins que estiguin translúcids. Afegiu el brou de pollastre, l'all, l'aigua, el llorer, el tomàquet i les espècies.

Portar a ebullició i coure a foc mitjà fins que les verdures estiguin tendres. Retireu la paella del foc. Retireu la fulla de llorer i afegiu-hi ½ llauna de mongetes blanques.

Tritureu la sopa amb una batedora de pal fins a la consistència desitjada. Torneu la sopa a l'estufa a foc mitjà. Quan torni a bullir, afegiu-hi la pasta, les mongetes verdes i la resta de les mongetes blanques.

Tapeu i deixeu-ho coure a foc mitjà durant uns 15 o 20 minuts fins que la pasta estigui cuita.

Observació:

Podeu substituir la salsa de tomàquet per un petit tomàquet madur. També podeu substituir qualsevol tipus de mongetes verdes.

8 SOPA DE FOVES BLANQUES

Sopa de Feijao Branco

En els plats portuguesos s'utilitzen molts tipus de fesols i sovint s'utilitzen com a ingredient principal en moltes sopes i guisats. Aquesta sopa utilitza mongetes blanques i verdures cuites en un brou de carn saborós. Podeu substituir les mongetes blanques per mongetes vermelles o cigrons per una altra variació d'aquesta recepta. Serveix de 8 a 10

8 a 10 tasses d'aigua

1 os de pernil o de vedella (opcional)

1 ceba gran (picada)

1 pastanaga gran (picada)

1 patata gran (tallada a daus)

2 grans d'all

1 fulla de llorer

1 cullerada de sal

1 culleradeta de pebre negre

¼ tassa d'oli d'oliva

Macarrons de colze de 4 o 6 unces

1 16 unces. llauna de mongetes blanques del nord

2 tasses de col (picada finament)

Preparació

Col·loqueu tots els ingredients excepte els macarrons, les mongetes i la col en una olla gran. Coure a foc mitjà durant aproximadament 1 hora. Retirar del foc, treure la fulla de llorer i l'os de carn. Tritureu tots els ingredients amb una batedora manual fins a la consistència desitjada.

Torneu la sopa al foc i deixeu-ho coure uns 5 minuts i deixeu-ho bullir.

Afegiu els macarrons, la col i les mongetes i deixeu coure la sopa entre 10 i 15 minuts. Condimenteu la sopa amb sal i pebre.

Si voleu, podeu treure la carn de l'os, tallar-la a trossos petits i afegir-la a la sopa.

Continueu cuinant la sopa fins que la col estigui tendra. Retirar del foc perquè la pasta no es faci massa.

Serviu-ho amb un raig d'oli d'oliva verge extra i pebre acabat de mòlt.

9 SOPA CASERA DE POLLATRE DE LA CARMELINA

Canja de Galinha i Carmelina

La meva mare feia sopa de pollastre per a la nostra família almenys un cop per setmana. Sempre tenia una olla de sopa als fogons per si un amic o familiar venia a visitar-la. També faig sopa cada setmana, però aquesta és la preferida de la meva família. Quan els meus fills van començar a menjar aliments normals de nadons, vaig fer aquesta sopa gairebé tots els dies perquè no els agradava el menjar per a nadons envasat. Per descomptat, vaig deixar de banda la ceba, la sal i el pebre.

Hi ha moltes variacions de receptes per a la sopa de pollastre a cada cuina portuguesa. Alguns cuiners prefereixen utilitzar arròs en comptes de pasta, mentre que altres utilitzen formes petites de pasta o fins i tot fideus d'ou com a midó. També és habitual afegir una fulla de menta o un raig de llimona per obtenir més sabor.

Racions: 8-10

2 lliures de pollastre fresc (sencer o picat)

12 tasses d'aigua

1 ceba gran (picada)

2 daus de brou de pollastre

2 tiges grans d'api

2 pastanagues grans

2 grans d'all (pelats)

2 branquetes de julivert

1 cullerada de sal

½ culleradeta de pebre recent mòlt

1 ½ tassa de pasta orzo o arròs blanc

guarnició opcional:

2 culleradetes de julivert recent picat

½ culleradeta de flocs de pebre vermell triturat

1 fulla de menta

Espremeda de llimona

Preparació

Poseu l'aigua, la ceba, 1 tija d'api, 1 pastanaga, la sal, 2 branquetes de julivert i l'all en una olla gran. Porteu a ebullició, afegiu-hi el pollastre i deixeu-ho bullir.

Després de 30 minuts de cocció, traieu els filets de pollastre de la paella, traieu els ossos i talleu-los a trossos petits. Reserva per més tard.

Cuini una hora més i retireu el pollastre i les verdures. Colar la sopa per un colador per eliminar el greix.

Posar la sopa al foc i portar a ebullició. Afegiu l'orzo o l'arròs i deixeu-ho coure a foc mitjà durant 10 minuts.

Talleu la pastanaga i l'api restants a rodanxes d'un quart de polzada, afegiu-los a la sopa i deixeu-ho coure durant 10 minuts més.

Afegiu-hi el pit de pollastre tallat a daus reservat, més sal i pebre, escates de julivert i deixeu coure la sopa a foc lent durant uns minuts.

Afegiu la guarnició com vulgueu.

10 SOPA DE COL DE CIGROS

Sopa de Grao com Couve

La combinació de col i cigrons crea una sopa abundant i plena de proteïnes i fibra. Els cigrons els faig puré per obtenir un brou més gruixut, però si preferiu un estil més gruixut, deixeu-los sencers o només la meitat. Aquesta és una sopa de tardor perfecta quan les pastanagues i la col estan a l'alçada de la temporada de collita. Per a 6-8 persones

2 pastanagues grans (picades)

1 16 unces. llauna de cigrons cuits

8 tasses d'aigua

1 fulla de llorer

1 ceba gran

1/4 tassa d'oli d'oliva

1 cullerada de sal

1/4 cullerada de pebre

2 daus de brou de pollastre

1 o 2 tasses de col picada

Preparació

Cuini tots els ingredients excepte la col en una olla mitjana a foc mitjà fins que les verdures estiguin tendres.

Retireu la paella del foc i tritureu la sopa amb una batedora de mà fins que quedi homogènia i cremosa.

Torneu la sopa a l'estufa a foc lent i deixeu-ho coure a foc lent durant uns 5 a 10 minuts.

Tasteu la sopa i afegiu-hi més aigua o espècies si cal. Afegiu més aigua si observeu que la sopa s'ha tornat massa espessa. Afegiu la col a la sopa.

Coure a foc lent durant 5 minuts i serviu.

Decoreu amb pebre negre acabat de mòlt.

11 GAMBA PICANT A L'ESTIL PORTUGUS

Camarao Piri Piri

Aquest és l'aperitiu preferit de la meva família. El servim cada vegada que fem una festa o celebració familiar. La salsa de pebre vermell piri piri i el pebre vermell fumat donen a aquestes gambes a la planxa un bon color i un toc picant. M'agrada aquest plat perquè només triga uns minuts a preparar-lo i pots ajustar-lo al gust dels teus convidats simplement afegint més o menys espècies.

Assegureu-vos de tenir molts panets portuguesos a mà per submergir-los en la salsa. Una paraula d'advertència, les persones per a les quals feu això estaran per sempre a la vostra vida a partir d'aleshores. T'ho prometo. És tan bo! Per a 4-6 persones

2 lliures de gambes crues (de 30 a 40 per lliura, sense pelar i descongelar)

1 ceba molt petita (picada finament)

3 cullerades d'oli d'oliva

1 culleradeta de pebre vermell fumat en pols

1 cub de brou de pollastre

¼ tassa de Vinho Verde o vi blanc molt sec

¼ culleradeta de sal

1 cullerada de maizena

2 a 3 culleradetes de piri piri o (tabasco o una salsa calenta)

½ tassa d'aigua

Preparació

En una paella gran, sofregiu les cebes en oli d'oliva a foc mitjà fins que estiguin translúcids però no es daurin.

Afegiu-hi les gambes i deixeu-ho coure 1 minut fins que les gambes estiguin rosades. Afegiu-hi el pebre vermell, la sal, el dau de brou, el vi i el sambal. Remenar i coure durant 1 minut.

Feu una pasta amb ¼ a ½ tassa d'aigua i maizena. Barrejar en una tassa petita fins que la maizena es dissolgui. Remeneu les gambes. Cuini fins que la salsa espesseixi. Tasteu la salsa i afegiu-hi més sal o salsa calenta al gust.

Observació:

Aquesta recepta només triga uns minuts a preparar-se. Comenceu a cuinar just abans d'estar a punt per servir-lo als vostres convidats.

També podeu fer-ho amb antelació i tornar a escalfar durant uns minuts. No cuini massa les gambes, ja que es poden tornar gomoses si es cuinen massa.

12 CROQUETES DE BACADILLÓ I PATATE

Bolinhos de Bacalhau/Pasteis de Bacalhau

Hi ha una dita a Portugal; "Hi ha 365 receptes de bacalhau, una per cada dia de l'any". Aquestes petites croquetes de bacallà són l'aperitiu més popular de la cuina portuguesa. Es consideren imprescindibles a cada taula de Nadal, casament i festa.

Aquesta és la recepta de la meva mare. Tinc bons records de cuinar aquests "bolinhos" amb ella cada matí la nit de Nadal. He adaptat la tradició familiar fent-los amb la Lisa cada vigília de Nadal. Recomano fer un doble lot i congelar la meitat de la massa crua per a la propera vegada. La pasta salada de patata i bacallà es fregeix lleugerament fins que estigui daurada i surten espectacularment delicioses!

Fa de 4 a 5 dotzenes

1 lliura de bacalhau desossat

3 patates grans sense midó pelades i tallades a rodanxes de ½ polzada

1 ceba groga petita (picada)

1 gra d'all gran (molt finament picat) o (¼ culleradeta d'all en pols)

2 culleradetes d'oli d'oliva

2 culleradetes de julivert (molt finament picat)

3 ous batuts grans

¼ de culleradeta de pebre negre mòlt

Salat

Oli de blat de moro o oli vegetal per fregir (utilitzeu una de primera marca i no un oli genèric per evitar un gust gras)

Bacallà hidratant:

Poseu el bacallà en un bol gran amb aigua freda i tapeu-ho. Refrigerar durant 2 dies i canviar l'aigua almenys 2 vegades al dia. Si el bacallà és molt espès, potser haureu de canviar l'aigua més sovint i posar-lo en remull durant 3 dies.

Preparació

Poseu les patates i el bacallà en una cassola amb aigua suficient per cobrir. Coure a foc mitjà a foc lent durant uns 10 minuts.

Traieu amb compte el bacallà, que ha de quedar tendre i escamós, amb una cullera ranurada i col·loqueu-lo sobre un drap de cuina de lli blanc net o una tovallola de paper per absorbir la humitat.

Traieu els ossos i enrotlleu el bacallà en una bola amb la tovallola i traieu la humitat. Deixar de banda.

Bulliu les patates durant 10 minuts més o fins que estiguin tendres i escorreu-les.

Després d'escórrer, deixem les patates a la mateixa cassola, tapem i tornem al foc uns minuts. Això eliminarà la humitat de les patates. Quan les patates i el bacallà s'hagin refredat, ja podeu començar a fer la massa dels beignets.

Preparació de la massa:

Passeu les patates a través d'un excavador de patates en un bol gran. Això els fa molt airejats i lleugers. Si no teniu màquina d'arròs, tritureu amb un ratllador de formatge.

Talleu el bacallà a trossos petits amb una forquilla o en un robot d'aliments fins que quedi escamoss i lleuger.

Afegiu al bol de patates els escates de bacallà, la ceba, l'all, el julivert, els ous batuts i el pebre i remeneu per incorporar els ingredients.

La vostra massa ha de ser prou espessa per formar croquetes ovalades per coure. Si el trobeu massa tou, només cal afegir més escates de bacallà o puré de patates.

Observació:

En aquest punt també els podeu donar forma, enrotllar-los en una fina capa de farina i guardar-los en bosses de congelador per cuinar-los després.

Escalfeu l'oli a uns 365 a 375 graus F i comenceu a fregir 4 o cinc a la vegada durant uns 2 o 3 minuts fins que estiguin daurats.

Proveu el primer lot per assegurar-vos que estiguin cuits. Potser haureu de baixar el foc si observeu que s'estan daurant massa ràpid i no es couen per dins

Col·loqueu el bunyol cuit sobre una tovallola de paper per absorbir qualsevol greix.

Serviu calent o fred.

Observació:

Si es congela:Enforneu-los mentre encara estiguin congelats, però poden trigar més a cuinar-se. Ajusteu el foc en conseqüència per cuinar de manera uniforme.

13 EMPANADES DE GAMBES

Rissóis de Camarao

Aquest aperitiu és molt popular i se serveix a la majoria de casaments i esdeveniments especials. La massa tendra s'omple amb farciment de gambes i es fregeix lleugerament fins que estigui daurada, creant una deliciosa mossegada que es fon a la boca.

Quan era petita, anava sovint a casa de la meva padrina per ajudar-la a fer desenes d'aquestes llaminadures per al sopar de Nit de Nadal de la nostra família, la "Consoada". La paraula consoada és un àpat que es menja després d'un dia de dejuni i prové de la paraula llatina consolare, que significa 'consolar', ja que moltes persones dejunen durant els dies d'Advent abans de Nadal. El sopar de la Consoada és abundant amb molts plats de peix i marisc i moltes postres clàssiques.

Sovint em renyava la meva padrina per haver trencat la massa, que és molt tendra i s'ha de manipular amb molta cura tant durant el procés de conformació com durant el fregit.

Al llarg dels anys, la Lisa i jo hem tingut la mateixa cura meticulosa per fer-lo cada vigília de Nadal.

Fa 5-6 dotzenes

Pas 1 Salsa blanca

6 cullerades de farina

¾ de pal o 6 cullerades de mantega o margarina

2 tasses de llet

½ culleradeta de sal

¼ culleradeta de pebre

½ cub de brou de pollastre (opcional)

1 rovell d'ou

Preparació

Fondre la mantega en una cassola gruixuda, afegir la farina i remenar fins que es dissolgui a la mantega.

Afegiu-hi la llet, la sal i el pebre i el dau de brou. Coure a foc mitjà, remenant constantment fins que espesseixi.

En un bol petit, afegiu 1 cullerada de la salsa blanca preparada a un rovell batut per temperar, després afegiu la barreja d'ou a la salsa blanca. Remeneu, tasteu i afegiu-hi més sal o pebre si cal.

Deixar refredar o tapar amb paper saran a la nevera perquè es refredi completament

Pas 2 Farciment de gambes

¼ tassa de ceba (picada finament)

2 culleradetes de julivert (picat finament)

½ cub de brou de pollastre

3 cullerades d'oli d'oliva

1 ½ lliures de gambes crues (pelades i tallades)

¼ culleradeta de pebre vermell

¼ culleradeta de sal (opcional)

1 culleradeta de suc de llimona

Preparació

Sofregiu les cebes en oli d'oliva a foc mitjà. Afegiu el brou i les gambes. Fregiu uns 3 minuts fins que les gambes estiguin rosades.

Afegiu el suc de llimona i el julivert i deixeu refredar. Incorporeu les gambes refredades a la salsa blanca i amaniu-les amb sal i pebre. Deixeu que la barreja es refredi completament o refrigereu-la tota la nit, coberta amb un embolcall de plàstic.

Pas 3 Massa

6 tasses d'aigua

6 tasses de farina

1 cullerada de sal

1 pal o 8 cullerades de margarina

1 tros de ratlladura de llimona

Preparació

Poseu l'aigua, la ratlladura de llimona, la sal i la mantega en una cassola antiadherent a foc mitjà fins que l'aigua comenci a bullir i la mantega es fongui.

Traieu la ratlladura de llimona. Afegiu la farina i remeneu contínuament amb una cullera robusta fins que es formi una bola de massa. Això requereix força muscular. Notareu que el fons de la paella comença a formar una crosta.

Continueu remenant fins que s'incorpori tota la farina a la bola de massa. La massa ha de sentir i semblar una massa de pa.

Observació:

Deixeu refredar completament la massa abans d'enrotllar-la per formar les empanades.

Pas 4 Formeu empanades

Un cop la massa i el farcit estiguin completament refredats, estireu la massa sobre una superfície enfarinada freda fins a un gruix d'1/8 de polzada amb un corró enfarinat.

Talleu la massa en cercles rodons de 4 a 5 polzades amb un tallador de galetes o una tassa de vora fina.

Col·loqueu 1 cullerada de farcit al centre de la massa. Doblegueu-hi la massa per formar una lluna.

Pessigueu suaument les vores juntes amb una forquilla. No deixeu que el farcit s'escapi pels costats. Si la massa es trenca, notareu que heu afegit massa farcit.

Col·loqueu els Rissóis per separat en una safata de forn gran folrada amb paper de forn o lleugerament enfarinada.

Observació:

En aquest punt, podeu congelar-los en bosses de plàstic fins a 1 mes.

Pas 5 Revestiment d'empanades

Bateu 3 ous amb unes quantes cullerades d'aigua en un bol gran.

Repartiu de 2 a 3 tasses de pa ratllat fi en un plat pla.

Submergeix cada empanada de gambes, una mà seca i l'altra mullada, al rentat d'ou i després al pa ratllat.

Sacsejar l'excés d'ou i les molles i col·locar-los a les safates de forn amb paper pergamí. Emmagatzemar a la nevera tapada amb un embolcall de plàstic fins que estigui llest per coure.

Pas 6 Empanades fregides

Escalfeu una fregidora a 365 graus F.

Observació:

Recomano una bona fregidora d'acer inoxidable que controli la calor a 365 graus.

Fregiu 6 a la vegada fins que estiguin daurats. Si es dauran massa ràpidament i estan crus per dins, baixeu el nivell de foc. És possible que hàgiu d'ajustar la calor en conseqüència, depenent de la vostra fregidora.

Continueu girant-los suaument per cuinar de manera uniforme. La massa està molt tendra, vés amb compte de no perforar la massa, en cas contrari, la massa es trencarà i el greix entrarà al mig

Proveu-ne la cocció tallant-la oberta per assegurar-vos que el farcit i la massa estiguin cuits.

Poseu-los sobre paper de cuina perquè absorbeixin el greix.

14 PINÇA PETITE A BULHÃO PATO

Ameijoas a Bulhao Pato

Aquest plat rep el nom del poeta lisboeta del segle XIX Bulhão Pato i ara es troba als menús de la majoria de restaurants portuguesos. La salsa fresca de coriandre i vi blanc crea un brou saborós amb les herbes, el vi i les cloïsses suculentes tendres. Serviu-lo amb pa de casa portuguès cruixent per submergir-lo. Serveis 1-2

2 cullerades d'oli d'oliva

1 cullerada d'all (picat a daus)

1 cullerada de coriandre fresc (picat finament)

3 cullerades de Vinho Verde o vi blanc sec

12 cloïsses petites de coll (esbandides i netejades)

Falcons de llimona

Preparació

En una paella, sofregiu els alls en oli d'oliva a foc fort fins que estiguin translúcids. Afegir les cloïsses, el vi blanc, ½ coriandre i tapar. Coure a foc lent durant 5-8 minuts fins que s'obrin les cloïsses. Descarta les cloïsses sense obrir.

Posar en un bol de servir. Decoreu amb coriandre i rodanxes de llimona.

15PASTISTS DE BACADILLÓ

Pataniscà de Bacalhau

Aquestes coques planes tenen el gust salat del bacallà combinat amb la dolçor de la ceba i el julivert. Podeu servir-los com a aperitiu o com a plat principal amb arròs. Encara són més saborosos l'endemà, així que endavant i feu un doble lot.

Tinc bons records d'aprendre a cuinar aquestes patanisques amb la meva mare quan era petita. Els faríem un diumenge al matí per fer les nostres excursions familiars o per fer un pícnic a la platja. Fa 10-12 pastissos

1 lliura de bacalhau desossat (picat finament)

4 ous

1 tassa i ½ de farina

½ ceba petita o ceba tendra (picada finament)

2 culleradetes de julivert fresc (picat finament)

¼ culleradeta de pebre negre

¼ culleradeta d'all en pols

1 culleradeta d'oli d'oliva

Sal al gust

½ a 1 tassa d'aigua

½ culleradeta de bicarbonat de sodi

¼ tassa d'oli d'oliva

¼ tassa d'oli vegetal

Preparació

Coure el bacallà en aigua bullint durant uns 5 a 8 minuts. Deixeu-ho refredar i després talleu-lo en petits flocs amb una forquilla.

Barregeu la ceba, el julivert, el bacallà, la farina, la sal, el pebre, l'all en pols i l'oli d'oliva en un bol i barregeu-ho bé.

Barregeu l'aigua i els ous en un bol petit i afegiu-los a la barreja de bacalhau i remeneu-ho bé.

Tasteu i afegiu-hi més sal, pebre i all en pols al gust.

Combineu els dos olis i comenceu a fregir per lots escalfant la meitat dels olis a ¼ de polzada en una paella pesada a foc mitjà.

Proveu la temperatura de l'oli col·locant una petita quantitat de massa a l'oli. Quan la massa estigui bombolla, ja està a punt per coure. Quan veieu que l'oli comença a fumar, baixeu el foc.

Aboqueu a la paella la massa de creps de la mida d'un dòlar de plata. Aplaneu-los per cuinar-los amb formes ovalades d'aproximadament ¼ de polzada. Fregiu per cada costat fins que estigui daurat.

Col·loqueu sobre tovalloles de paper o bosses de dinar de paper marró per absorbir el greix.

Serviu calent o fred.

16BOSQUES DE CARN DE FOSSADA

Pie de Carne

Aquestes butxaques de pasta de full s'omplen amb un farcit de carn salada i després es couen daurades. Són delicioses i calentes, però l'endemà tenen un gust encara millor. Aquesta recepta fa unes 3 dotzenes de patates de carn, la qual cosa la converteix en un gran plat de festa de mà. També podeu substituir la carn de vedella per pollastre cuit com a variació. Fa unes 3 dotzenes

2 lliures de massa de pasta de full congelada o fresca

1 lliura de vedella mòlta

¼ tassa de ceba (picada finament)

1 culleradeta d'all en pols

2 cullleradetes de julivert (picat)

Sal i pebre

¼ tassa de formatge ratllat (opcional)

1 ou

1 culleradeta d'aigua

Preparació

Traieu la massa del congelador per descongelar-la prou per estirar-la.

Cuini la carn en una paella gran fins que estigui daurada. Retirar de la cassola, escórrer i deixar refredar en un bol mitjà.

A la mateixa paella, afegiu les cebes i els alls i sofregiu-los fins que estiguin daurats. Afegiu la barreja de ceba a la carn i deixeu-ho refredar.

Col·loqueu la barreja de carn al processador d'aliments i bateu 5 vegades o fins que la carn tingui una consistència fina. Afegiu el julivert i el formatge i bateu 2 vegades més.

Estireu la massa i talleu-la en un rectangle de 3 "x 6". Col·loqueu 1 cullerada de carn al centre del rectangle. Doblegueu un costat a l'altre per fer butxaques quadrades mentre pessigueu les vores juntes.

Cobriu 2 safates de forn amb paper de forn. Col·loqueu els fulls al paper i pinzeu-los amb un rentat lleuger d'ou.

Coure al forn preescalfat a 400 graus F durant 15 minuts o fins que estigui daurat.

17 CROQUETES DE CARN SALADA

Croquetes de Carne

Aquesta recepta de croquetes és un vell clàssic. Són salats i lleugers i tenen una crosta cruixent. És una manera perfecta d'utilitzar les restes de vedella rostida o rostit d'olla.

Moltes d'aquestes croquetes les vaig fer quan era petita. Jo seria la croquetadora oficial quan anés a casa de la meva padrina per ajudar-la a cuinar per al nostre sopar de Nit de Nadal. Fa 2 dotzenes

1 lliura de vedella rostida cuita (picada)

2 cullerades de mantega

4 cullerades de farina

½ tassa de llet

3 grans d'all (picats)

½ ceba petita (picada finament)

¼ tassa de xoriço (picat finament) (opcional)

1 fulla de llorer

1 cullerada de julivert (picat finament)

1 culleradeta de sal

¼ culleradeta de pebre vermell

Pebre negre recent mòlt

Un raig de nou moscada

2 ous

1 o 2 tasses de pa ratllat per cobrir

Oli vegetal per fregir

Preparació

Sofregiu la ceba, l'all i el llorer amb la mantega en una paella mitjana a foc mitjà fins que quedi translúcid. Afegiu la farina i barregeu bé fins que la farina s'incorpori a la mantega.

Afegiu-hi la llet a poc a poc fins que la mantega s'hagi fos i la mescla quedi llisa i espessa. Afegiu la vedella, el xouriço i totes les espècies restants i deixeu-ho coure uns minuts. Traieu la fulla de llorer i llenceu-la.

Retireu la carn del foc i afegiu-hi 1 ou batut a poc a poc per temperar-la.

Bulliu la barreja fins que espesseixi i doneu-li forma de boles o d'ou.

Refredar la barreja uns minuts i donar-li forma de croquetes.

Quan estigui llest per fregir, mulleu cada croqueta amb l'ou batut restant i després amb pa ratllat. Fregir en oli vegetal a foc mitjà fins que estigui daurat.

Deixeu-los escórrer sobre paper de cuina abans de posar-los al plat de servir

18 PLAT FRED ESTIL PORTUGUÉS

Carnes Frias i Queijos à Portuguesa

Aquest aperitiu temptarà el paladar dels vostres convidats mentre prepareu el sopar, o podeu servir-lo com a plat de festa. Per donar un aspecte rústic al plat, serveixo les carns sobre una taula de tallar gran de fusta. Quan els vostres convidats acabin de menjar, simplement enrotlleu el paper i llenceu-lo per netejar-lo fàcilment.

Ingredients suggerits:

Formatge:

Azeitao

Formatge Évora

Nisa

Pico

Sant Jordi

Serpa

Serra da Estrela

Carns:

salpicao

chouriço

Mortadel·la

Presunto

costats:

Varietat d'olives

Tomàquets cherry o raïm

Pebrots vermells rostits

Figues seques o melmelada de figues

Diversos fruits secs

Pa tallat a rodanxes

Preparació:
Col·loqueu un full gran de paper pergamí sobre una taula de tallar gran o un plat de servir.

Col·loqueu olives, tomàquets, pebrots, escabetx o altres condiments al centre.

Envoltant amb diversos formatges portuguesos, carns.

Afegiu-hi pans cruixents ben picats als costats.

Col·loqueu forquilles, talladores de formatge o ganivets i escuradents per servir-los fàcilment.

19 BRUSCHETTA ESTIL PORTUGUS

Bruschetta a Portuguesa

Els rotllos portuguesos són un recipient perfecte per a la cobertura d'aquest aperitiu, creant un sabor perfecte del sabor portuguès d'un sol mos. Les cebes vermelles dolces i els pebrots vermells rostits suavitzen la salaó en el presunto, i després s'acaba amb un raig d'oli d'oliva portuguès pur.

Feu un lot doble, perquè aquestes petites llaminadures delicioses desapareixen ràpidament. Feu aquest aperitiu fins a un dia abans de servir. Per a 4-6 persones

3 o 4 papo secos: entrepans o baguette portuguesos

2 tomàquets semi madurs (molt finament picats)

2 llesques de Presunto (picades finament)

¼ tassa de ceba vermella picada finament

¼ tassa d'olives negres picades

¼ tassa de pebre vermell rostit (picat)

2 grans d'all (picat finament)

4 cullerades d'oli d'oliva portuguès o un oli d'oliva verge extra

2 culleradetes de julivert picat finament

Pebre negre mòlt al gust

Preparació

Escorreu els tomàquets i poseu-los en un bol de plàstic o ceràmica. Afegiu-hi la resta d'ingredients i barregeu-ho bé.

Guardar a la nevera fins que estigui llest per muntar i servir.

Prepareu llesques de pa:

Col·loqueu 1 gra d'all picat en oli d'oliva en un bol molt petit apte per al microones i cuini durant uns 30 segons per infusionar l'oli amb gust d'all.

Talleu el pa a rodanxes molt fines d'entre ¼ i ½ polzada i poseu-les sobre una safata de forn gran. Pinteu amb la meitat de l'oli d'all i deixeu l'altra meitat per a la cobertura.

Col·loqueu el plat amb les llesques de pa sota el grill per torrar durant uns 2 minuts o fins que estigui daurat clar i, a continuació, gireu per daurar l'altre costat.

Precaució: Deixa la porta del forn oberta quan torra el pa. Es daurarà ràpidament.

Quan el pa estigui llest, poseu 1 cullerada o més de la barreja de cobertura a cada llesca.

Regar la part superior amb oli d'oliva i servir

20PANXETES DE PORC A LA GRILLA

Toucino Assado

No hi ha res millor que l'olor del greix de porc fresc cuinant a la graella exterior. Aquesta és la recepta del meu germà Manny que se serveix cada vegada que fem un pícnic familiar i és la preferida dels homes de la nostra família.

El ventre de porc sense curar es pot trobar a la carnisseria local. El tallaran a mà fins al gruix desitjat. Assegureu-vos de servir amb rotllos portuguesos o pa cruixent per absorbir els sucs sucs de la cansalada cruixent cuita. Serveis 6-8

2 lliures de ventresca de porc fresca sense sal (tallada a rodanxes de ¼ de polzada de gruix)

6 grans d'all (picats)

1 cullerada de sal marina

2 cullerades d'oli d'oliva

Preparació

Marinar les tires de porc amb l'all salat i l'oli d'oliva durant almenys 30 minuts. Col·loqueu a la graella calenta i cuini fins que els dos costats estiguin cruixents però no cremats. Serviu amb pa portuguès cruixent.

21POLLO DE PORC A L'ESTIL MINHO

Rojoes a Minhota

La paraula "Minhota" sovint es refereix a una femella de la regió "Minho" del nord de Portugal, on es va originar el plat. La marinada d'all i vi fa que la carn de porc sigui salada i saborosa. La tècnica del braising crea una textura daurada i cruixent. Serviu amb baguette o patates bullides com a plat principal. Per a 4-6 persones

1 lliura de llom de porc tallat a daus petits d'1 polzada

1 tassa de Vinho Verde o vi blanc sec

3 grans d'all (picats)

1 fulla de llorer

½ cullerada de pebre vermell en pols

½ culleradeta de comí

½ cullerada de sal

½ culleradeta de pebre negre mòlt

3 cullerades d'escurçament

Preparació

Col·loqueu tots els ingredients excepte l'escurçada en un bol petit i barregeu bé per incorporar les espècies. Poseu-ho a la nevera per marinar durant la nit.

Quan estigueu a punt per cuinar, traieu la carn de la nevera perquè arribi a temperatura ambient. Escorreu la carn de porc, però reserveu la marinada per a més tard.

Escalfeu l'escurçament en una paella gran a foc mitjà i fregiu la carn de porc fins que estigui daurada i cruixent. Cuineu la carn de porc per lots per obtenir una textura cruixent agradable.

Traieu l'últim lot de carn cuita de la paella. Afegiu la marinada a la paella i deixeu-ho coure fins que es redueixi a la meitat.

Afegiu la carn de porc de nou a la paella i deixeu-ho coure uns minuts perquè absorbeixi els sabors. Tasteu i afegiu-hi més sal si cal.

Serviu amb pa francès com a entrant o serviu aquesta carn de porc com a plat principal amb patata bullida

22PLAT DE FORMATGES A L'ESTIL PORTUGUS

Queijos portuguès

Aquesta taula de formatges rústics és una bona manera de començar el vostre sopar o organitzar una senzilla festa de formatges i vi. Ho faig molt sovint quan necessito entretenir una gran gent per a un sopar, ja que manté els convidats entretinguts mentre acabo de cuinar.

Si organitzeu una festa del vi, serviu-lo amb vins secs o dolços portuguesos, blancs, negres, vins verds, vi de Porto o maridatges de vins de Madeira.

Varietat de formatges portuguesos:
Azeitao

Formatge Évora

Nisa

Pico

Sant Jordi

Serpa

Serra da Estrela

Espècies:

Ametlles

Melmelada de figues

Marmelada (melmelada de codony portuguesa)

Varietat d'entrepans

Taula de tallar de fusta o bol gran

Preparació:

Col·loqueu les ametlles, la melmelada de figues i la marmelada al centre de la taula de tallar. Disposeu diferents formatges al voltant de la melmelada.

Col·loqueu el pa a rodanxes i les galetes al voltant del formatge.

Serviu amb vins portuguesos secs o dolços, blancs, negres, Vinho Verde, Porto o combinacions de Madeira.

23 MONTA VERMELLA I XILE CHOURIÇO

Chourico amb Feijão

El pebre vermell fumat i les espècies fan una combinació perfecta de sabors en aquest xili. És fantàstic per a una festa o com a guarnició de mongetes per a la vostra propera cuina. Aquest favorit de la família que anomenem xili portuguès és la recepta del meu marit Augie. Per a 4-6 persones

1 xouriço o linguica gran tallat a rodanxes d'1/4 de polzada. Nota: la linguica és més picant

2 llaunes grans de mongetes vermelles cuites

1 ceba petita (picada)

2 grans d'all mitjans (picats)

1 fulla de llorer

½ culleradeta de pebre vermell en pols

1 a 2 culleradetes de piri piri o salsa calenta (opcional)

½ tassa d'aigua

½ tassa de vi negre

1 tassa de tomàquet vermell triturat o salsa de tomàquet

2 cullerades d'oli d'oliva

2 cullerades de julivert en escates (opcional)

Preparació

En una cassola gran i profunda a foc mitjà, sofregiu les cebes, els alls i el llorer amb oli d'oliva durant 1 o 2 minuts fins que estiguin translúcids. Afegiu el xouriço tallat a rodanxes i deixeu-ho coure uns 2 minuts fins que estigui lleugerament daurat.

Afegiu la resta d'ingredients excepte els flocs de julivert i deixeu-ho bullir. Reduïu el foc i cuini a foc lent durant 15 o 20 minuts, remenant de tant en tant.

Tapeu i reserveu fins que estigui llest per servir. El xile s'espesseix a mesura que es refreda.

Observació:

Notareu que el xile pot quedar una mica aquós.

Per espessir, simplement tritureu aproximadament 1 tassa de mongetes amb una forquilla, torneu-los a remenar al xili i deixeu-los coure fins que assoleixin la consistència desitjada.

Per tornar a escalfar l'endemà, afegiu una mica d'aigua bullint per diluir el xile i torneu a escalfar sovint a foc lent.

24 CHOURIÇO A LA BRILLA

Chouriço Bombeiro

Aquest entrant oferirà una experiència de cuina inoblidable als vostres convidats. El xouriço flamíger proporciona una pell daurada cruixent i un gust salat. La botifarra de Chourico està seca, així que no us preocupeu si creieu que no l'heu cuinat prou. La botifarra de Chourico està seca, així que no us preocupeu si creieu que no l'heu cuinat prou. Servir amb baguette fresca. Per a 4-6 persones

1 linguica sencera o chouriço

2 a 4 unces. alcohol integral

1 plat de fang profund apte per al forn

Llumins de llar de foc llargs

Preparació
Esbandiu i assequeu el xouriço amb paper de cuina. Col·loqueu 2 oz. alcohol al fons d'un plat apte per al forn.

Feu uns talls en diagonal al xouriço i poseu-los a la safata de cocció.

Enceneu un lluminós i enceneu lentament l'alcohol. Deixeu coure el xouriço entre les flames fins que quedi cruixent.

Observació:

Precaució: no toqueu les flames. Cuinar en una zona ben ventilada.

Gireu el xouriço per cuinar l'altre costat, si voleu.

Si les flames s'apaguen abans de fer el xouriço, torneu a començar el procés.

Col·loqueu el xouriço en un plat de servir i serviu-lo a rodanxes.

25 SARDINES A LA GRILLA AMB CEBA I PEBRE

Sardinhas Assadas com Cebolada

Les sardines són tan populars a Portugal com el famós bacalhau. La majoria de festivals i pícnics d'estiu inclouen sardines. La sardina portuguesa ha estat guardonada amb l'etiqueta blava pel Marine Stewardship Council, la qual cosa significa que la pesca de sardina a Portugal té en compte la sostenibilitat dels recursos marins. Les sardines es capturen al llarg de la costa portuguesa, però les sardines més populars provenen de l'Algarve. A Portimão, a l'Algarve, podeu menjar les sardines acabades de fer a la brasa més delicioses, especialment durant la Festa de la Sardina durant els primers 10 dies d'agost. Per a 4-6 persones

2 lliures de sardines fresques o congelades

1 pebrot vermell gran (tallat per la meitat)

1 pebrot verd gran (tallat per la meitat)

2 cebes grans (tallades en anelles grans)

2 grans d'all grans (picats)

¼ a ½ tassa d'oli d'oliva verge extra

Sal marina

Pebre

Com preparar sardines fresques o congelades per a la brasa:

Si les teves sardines estan congelades, descongela-les en un bol gran esbandint-les primer amb aigua freda, escorrent-les i cobrint-les amb una bona capa de sal marina.

Deixeu-los a temperatura ambient uns 30 minuts perquè absorbeixin la sal.

Si no els esteu cuinant de seguida, escorreu tot el líquid del bol, tapeu i refrigereu fins que estigui llest per a la planxa.

Si teniu sardines fresques, ruixeu-les amb sal marina i deixeu-les reposar uns 5 minuts abans de fer-les a la planxa.

Preparació

Primer coure els pebrots i les cebes:

Escalfeu la graella al màxim. Frega les cebes i els pebrots amb sal, pebre i una mica d'oli d'oliva. A la graella els pebrots fins que la pell estigui completament carbonitzada, després col·loqueu-los en una bossa de dinar de paper neta. Deixeu les cebes de banda per a més tard.

A la brasa de sardines:

Traieu les sardines de la nevera i escorreu la humitat.

Assequeu-ho i poseu-lo a una graella de carbó o gas lleugerament untada a foc mitjà.

Coure les sardines fins que estiguin daurades i lleugerament cruixents, girant-les suaument amb una forquilla, vigilant que no es trenqui la pell.

Mantingueu les sardines allunyades de les flames obertes per evitar que el carbó negre.

Quan estigui cuit, cobriu amb paper d'alumini i poseu-lo en una safata al forn calent.

Preparació de pebrots i cebes:

Traieu els pebrots de la bossa de paper i traieu la pell. Notaràs que la pell es desprèn fàcilment. Talleu els pebrots a tires i barregeu-los amb les cebes en una paella mitjana.

Afegiu-hi l'all, l'oli d'oliva i més sal i pebre. Escalfeu una mica la barreja.

Servir:

Col·loqueu les sardines cuites calentes al centre d'un bol gran. Envolta amb la salsa de ceba i pebrot. Serviu amb patates bullides o pa portuguès fresc.

26 AMANIDA DE POP ALL

Amanida de polvo

Aquest aperitiu ràpid és una manera fantàstica d'aprofitar les restes de pop cuit. La ceba, l'all i el julivert barrejats amb la vinagreta d'oli d'oliva verge extra proporcionen un sabor únic a cada mos. Servir amb baguette o entrepans. Per a 2-4 persones

3 tasses de pop cuit (picat)

1 culleradeta de sal

1 culleradeta de pebre

½ ceba petita (picada)

4 grans d'all (picats)

2 cullerades de julivert fresc (picat)

¼ tassa d'oli d'oliva verge extra

¼ tassa de vinagre de vi blanc

Preparació

Poseu tots els ingredients en un bol. Combinar. Deixeu reposar la barreja durant almenys 15 minuts per marinar abans de servir.

Servir amb baguette.

Servir o guardar a la nevera fins a 3 dies.

27 AMANIDA DE CIGRONS I OU

Salada de Grao

Els cigrons i els ous són molt populars i sovint se serveixen com a plat principal, plat o com a acompanyament de peix o bacalhau. En aquesta recepta faig servir verdures en escabetx que donen una textura cruixent i un mos picant. Servir amb baguette o entrepans. Serveis 2-3

2 llaunes de cigrons

6 ous durs a rodanxes

½ culleradeta de sal

½ culleradeta de pebre

½ ceba petita (picada finament)

2 o 3 cullerades de julivert fresc (picat finament)

½ tassa de verdures en escabetx (picades finament) (opcional)

¼ a ½ tassa d'oli d'oliva verge extra

¼ tassa de vinagre blanc

Preparació

Esbandiu els cigrons, escorreu-los i poseu-los en un bol mitjà. Barregeu tots els ingredients excepte els ous.

Tasteu i afegiu-hi més condiments si cal.

Deixeu reposar la barreja durant almenys 15 minuts perquè absorbeixi els sabors. Damunt amb ous a rodanxes i decorar amb julivert.

28 OUS DEVIDATATS

Ovos Recheados

La paraula "dimoni" en el nom de la recepta originalment es referia a la combinació d'espècies, inclosa la mostassa, que s'utilitza per condimentar els ous. Jo faig servir salsa picant piri piri juntament amb la mostassa per donar-li un toc picant als ous. Fa 24

12 ous

½ tassa de maionesa

1 culleradeta de mostassa de Dijon

¼ culleradeta de sal

¼ culleradeta de pebre

½ culleradeta de piri piri o salsa calenta (opcional)

Pebre vermell per guarnir

Preparació

Poseu els ous en una cassola mitjana i cobriu-los amb aigua. Bullir 10 minuts i deixar a la cassola uns minuts.

Escorreu i afegiu-hi prou aigua freda per cobrir-les a la mateixa cassola. Deixeu reposar 5 minuts perquè es refredi.

Toqueu suaument els ous i trenca la closca al voltant de l'ou. Això fa que sigui fàcil de pelar.

Talleu els ous amb cura per la meitat longitudinalment i poseu-los en un plat de servir.

Retireu els rovells i poseu-los en un bol petit. Barregeu tots els ingredients excepte el pebrot. Tasteu i afegiu-hi més espècies si cal.

Observació:

Servir o guardar a la nevera fins a 2 dies

29AMANIDA DE TONYINA ESTIL PORTUGUES

Salada d'Atum

Les conserves de peix i marisc són molt populars a la nostra cuina. Moltes ciutats de Portugal tenen botigues dedicades específicament a vendre tipus de conserves de peix com sardines, tonyines, pops i calamars.

Aquest plat es pot servir com a plat principal amb patates bullides i ous durs i, a continuació, s'acaba amb un senzill amaniment d'oli d'oliva i vinagre. Serveis 2

1 llauna de tonyina en aigua o oli d'oliva

1 tassa de raïm, cirera o altres tomàquets picats

¼ tassa de ceba o cebolleta (picada finament)

Vestits:

1 cullerada d'oli d'oliva

1 cullerada de vinagre de vi blanc

Sal al gust

Pebre al gust

Flocs de julivert

Preparació

Talleu els tomàquets per la meitat o en trossos petits i poseu-los en un bol mitjà.

Escorreu la tonyina i afegiu-la als tomàquets.

Col·loqueu la resta d'ingredients en un bol petit i remeneu enèrgicament per incorporar els sabors.

Prepareu l'amaniment tirant tots els ingredients en un bol petit. Barrejar bé.

Aboqui l'amaniment sobre la tonyina i els tomàquets i remeneu suaument.

Servir sobre un llit d'enciam, amb pa o amb patates bullides

El gos mou la cua, no per tu, sinó pel teu pa.

-Refrany portuguès

30PA CHOURIÇO I PERNIL ESTIL CHAVES

Folar de Chaves

Folar té una llarga tradició en la cultura de la cuina portuguesa. Generalment, el pa ric en ous està farcit de carns diverses com ara; pernil, presunto, cansalada curada, salpicao i chouriço, però hi ha moltes variants i cada família té la seva recepta. Normalment aquest pa es fa durant Setmana Santa, però també és molt popular durant tot l'any.

Aquesta recepta del "Folar de Chaves" és de la meva mare. Es va originar a les regions portugueses del nord-est de Chaves, d'on procedia. Era famosa pel seu folar i ningú podia replicar-lo. La seva manera secreta d'amassar la massa a mà fins que quedés lleugera, airejada i plena de bombolles creava un pa lleuger i humit. Avui la Lisa i jo honorem la tradició de la meva mare de coure aquest pa cada any durant la Setmana Santa i altres celebracions i festes familiars. Fa 2 pans mitjans

12 ous marrons jumbo (temperatura ambient)

10 tasses de farina tamisada

2 (6 oz) cubs de llevat fresc

1 tassa d'aigua tèbia

1 cullerada de sal

1 pal de mantega o margarina (8 cullerades)

½ tassa d'oli d'oliva

4 tasses de pernil fumat (canje de pernil) tallat a tires de 1/2 x 2 polzades

1 o 2 xoriço o embotit sencer

1 tassa de vedella mòlta (cansalada curada fumat) (si es desitja)

Preparació

Escalfeu l'aigua, la margarina i l'oli d'oliva en una cassola petita a foc lent. Quan la margarina s'hagi fos, prova amb el dit. Ha de ser calent, no calent. Afegir el llevat i remenar per dissoldre. Deixar de banda.

Bateu els ous fins que estiguin espumosos i reserveu-los.

Tamisar la farina i la sal en un bol de mescla molt gran. Feu un pou al centre de la farina i afegiu-hi la barreja d'ou i llevat. Pastar a mà o amb el ganxo de massa durant almenys 10 minuts fins que la massa estigui lleugera i airejada. Busqueu bombolles d'aire a la massa.

Observació:

La massa serà fina i molt elàstica, no espessa com la massa de pa. Si el trobeu massa prim, afegiu-hi 2 cullerades de farina i barregeu-ho bé.

Unteu-vos les mans amb oli d'oliva i formeu una bola amb la massa. Poseu la massa en un bol gran untat amb oli d'oliva i empolsat amb farina.

Fes una creu al centre de la massa per "beneir-la". Cobrir amb paper de plàstic i deixar reposar fins que dobli el seu volum, unes 2 hores.

Aquest pas és opcional depenent de les vostres preferències de sal:

Talleu el xouriço a rodanxes del gruix desitjat. Poseu la carn en una cassola amb aigua bullint i deixeu-ho coure uns 2 o 3 minuts per treure la sal. Escorreu la carn, assequeu-la i deixeu-la refredar. Utilitzeu la carn tal com és si preferiu el pa més salat.

Quan la massa hagi pujat, unteu i enfarinem lleugerament les mans i aboqueu-les sobre una superfície lleugerament untada d'oli suficient per aguantar la massa. Aboqueu-ho sobre una superfície lleugerament untada i enfarinada prou gran com per aguantar la massa.

Quan la massa estigui a punt, dividiu-la per la meitat. Estireu cada peça en un rectangle de 12 x 16 polzades, com ho faríeu quan manipuleu la massa de pizza, tenint cura de no trencar-la.

Repartiu la carn uniformement sobre la massa. Comenceu a enrotllar suaument la massa en un pa. Si apareixen buits, tanqueu-los prement la massa amb els dits.

Col·loqueu el Folar sobre safates de forn lleugerament enfarinades o en motlles preformades.

Deixeu reposar la massa durant 10 minuts abans de coure.

Preescalfeu el forn a 400 graus F.

Cuini a 400 durant uns 45 minuts, després redueix el foc a 350 graus. Coure 15 minuts més i apagueu el foc. Cuini més temps si cal. La fulla ha de ser d'un color daurat fosc. Deixeu refredar abans de tallar

Observació:

Alguns forns triguen més a cuinar-se. Comproveu la cocció tocant el folar amb els artells. Hauríeu d'escoltar un so buit.

Per a pans més petits, cuini entre 30 i 45 minuts.

Emmagatzemar a la nevera.

També podeu congelar la fulla embolicant-la amb alumini gruixut i després col·locant-la en bosses de congelació. Es descongela en poques hores o durant la nit a la nevera

.

31 PA DOLÇ PORTUGUS

Pao Doce

Aquest pa dolç lleuger i airejat se sol fer durant Nadal i Setmana Santa. També es menja tot l'any a l'esmorzar, als àpats i fins i tot com a postres. Hi ha moltes variacions de receptes per fer aquest pa, algunes receptes utilitzen panses, ratlladura de llimona, rom o whisky per potenciar el sabor. Els pans dolços fets durant la Setmana Santa s'anomenen Folar de Pascoa, on sovint es cou un ou dur a la massa per significar la fertilitat i el renaixement de Crist.

Fa uns 2 pans grans o 24 pans petits

6 a 7 tasses de farina

2 paquets i mig de llevat sec actiu

1 tassa de llet tèbia

1 branca de margarina

1 cullerada de sal

4 ous jumbo

1 tassa de sucre

1 cullerada (whisky – aguardente) (o ratlladura de llimona si voleu pa amb gust de llimona)

¼ tassa d'aigua tèbia

¼ culleradeta de sucre

Preparació

Escalfeu la llet, però no la cremeu. Retirar del foc i remenar la margarina fins que es fongui. Afegiu el sucre, la sal i barregeu-ho. Col·loqueu en un bol gran perquè es refredi.

Mentrestant, feu un entrant de llevat barrejant el llevat amb ¼ de tassa d'aigua tèbia i ¼ de culleradeta de sucre. Remeneu-ho fins que es dissolgui i deixeu-ho reposar fins que vegeu que es formen bombolles.

Bateu els ous uns minuts i després afegiu-los a la llet. Afegiu el llevat a la llet juntament amb el whisky i bateu durant 2 minuts.

Comenceu a afegir la farina 1 tassa a la vegada fins que s'incorpori. Feu servir els ganxos de massa o les mans per amassar durant uns 10 minuts.

La massa ha de ser molt sedosa i llisa i una mica enganxosa. Afegiu més farina si trobeu la massa enganxosa.

Traieu la massa de la batedora, poseu-la sobre una superfície enfarinada i amasseu uns 5 minuts fins que la massa quedi llisa.

Col·loqueu la massa en un bol gran enfarinat i cobriu-lo amb paper de plàstic i una tovallola tèbia.

Deixeu pujar en un lloc càlid durant 2 o 3 hores o fins que dobli.

Quan la massa s'hagi doblat, punxeu-la i deixeu-la reposar 30 minuts més. Col·loqueu la vostra massa sobre una superfície enfarinada i doneu forma al vostre pa en una trena, pa o mini panets.

Deixeu que la massa llueix una hora més.

Preescalfeu el forn a 325 graus F.

Pinteu la part superior del pa amb ou rentat i coure durant 30 minuts. Passats els 30 minuts, baixem el foc a 300 graus i deixem coure 30 minuts més fins que el pa tingui un color caramel daurat.

Observació:

Si voleu fer 2 pans més petits, feu-los coure durant uns 45 minuts.

Els mini entrepans es couen en menys temps, uns 45 minuts.

Les temperatures del forn poden variar, si us plau, ajusteu-les en conseqüència.

32 PA DE BLAÇA ARTESANA

Broa

Aquest pa de blat de moro molt popular es va originar a la regió de Tras os Montes, al nord de Portugal. El més inusual de fer aquest pa és que inicialment utilitzeu aigua calenta per cuinar prèviament la farina de blat de moro abans d'afegir la farina normal. Això s'anomena pregelatinització de la farina de blat de moro, semblant a la cocció de polenta.

Aquest pa combina perfectament amb sardines a la brasa, embotits i formatges portuguesos. Tinc bons records de menjar aquest pa a la meva ciutat natal a Portugal amb presunto de Tras os Montes. Fa 1 pa

3 i 3/4 tasses de farina de blat de moro blanca o groga (no farina de blat de moro)

3 tasses de farina per a tot ús

3 tasses d'aigua bullint

1 cullerada de mantega fosa

2 culleradetes de sucre

2 culleradetes de sal

Iniciador de llevat:

¼ tassa d'aigua tèbia

½ culleradeta de sucre

2 culleradetes de sucre en pols

1 cullerada de farina

Preparació

Observació:

En primer lloc, feu l'entrant de llevat barrejant tots els ingredients i deixant de banda uns minuts fins que es formin bombolles de llevat.

Posar la farina de blat de moro en un bol i afegir l'aigua bullint, la mantega, el sucre i la sal. Barrejar bé amb un ganxo de massa o amb les mans quan la massa estigui prou freda per manipular-la. Això iniciarà el procés de cocció de la farina de blat de moro.

Deixeu reposar la massa uns 10 minuts i després afegiu-hi la farina normal. Afegiu la barreja de llevat i amasseu fins que la massa estigui llisa i es pugui formar una bola.

Col·loqueu la massa sobre una superfície enfarinada, formeu una bola, poseu-la en una paella rodona untada i empolseu-ho amb un polsim de farina de blat de moro. Deixeu que la massa dobli el seu volum durant aproximadament 1 hora. Notareu que apareixen esquerdes a la massa, però això li dóna un aspecte tradicional.

Mentrestant, preescalfeu el forn a 450 graus F.

Cuini durant uns 30 a 45 minuts fins que l'escorça tingui un color daurat fosc.

Per comprovar si el pa està fet, colpeja el pa amb els artells i escolta un so sagrat. És possible que hàgiu de coure el pa més temps segons el vostre forn, ja que les temperatures poden variar.

Deixeu refredar el pa abans de tallar-lo. El pa quedarà molt cruixent. Si voleu una crosta més suau, poseu el pa refredat en una bossa de plàstic apta per a aliments durant uns minuts.

33 ROTLLES PORTUGUSOS

Papos Secos

Diferents regions de Portugal tenen el seu pa preferit, però el Papo Seco és el pa més popular a moltes cases i un element bàsic a qualsevol restaurant que serveixi menjar portuguès.

Els rotllos són un recipient perfecte per a entrepans, submergits en sopes i salses, o servits amb mantega. Sovint la gent diu que tinc un "papo seco", que literalment significa "gola seca" per indicar que necessiten alguna cosa per beure. Aquesta recepta està adaptada d'una que em va donar Leonor Santos. Fa unes 2 dotzenes de rotllos

10 i 1/2 tasses de farina per a tot ús (més més per amassar)

1 i 1/4 cullerada de sal

1 i 1/4 cullerada de sucre

2 paquets de llevat sec actiu

3 cullerades de margarina (fosa)

3 tasses d'aigua tèbia

Preparació

Combina l'aigua, el sucre, la sal i el llevat en un bol gran i barreja-ho bé.

Afegiu la farina al llevat i barregeu-ho amb la mà o amb un ganxo massa. Continueu barrejant fins que una massa suau es formi una bola.

Poseu la massa en un bol untat i enfarinat. Tapa i posa en un lloc càlid fins que la massa hagi doblat el seu volum.

Quan la massa hagi pujat, doneu forma al pa de boletes, feu un sagnat al centre amb la mà i poseu-les sobre una paella plana untada.

Espolseu amb farina, tapeu i poseu-ho en una safata de forn enfarinada. Deixeu que els rotllos doblin el seu volum durant uns 60 minuts.

Cuini a 375 graus F fins que estigui daurat durant uns 30 a 45 minuts

34 PA DE CHOURIÇO

Pao de Chouriço

Aquest pa el faig molt sovint per a festes, pícnics, nit de jocs o per berenar ràpid. A la meva família li encanta i reconeixen l'aroma tan bon punt entren per la porta principal quan el faig. Us suggereixo que feu un lot doble perquè aquest pa desapareixerà abans que us adoneu. Fa 1 pans gran o 2 petits

1 chouriço o linguica gran (tallat a ¼ de polzada)

2 cebes grans (a rodanxes fines)

1 pebrot vermell gran (a rodanxes fines)

2 cullerades d'oli d'oliva

Massa de pizza de 2 lliures o recepta de Papo Seco a la pàgina anterior

1 paquet (16 oz.) del vostre formatge ratllat preferit (si ho desitja)

Preparació

Col·loqueu la vostra massa de pizza en un bol gran i deixeu-la pujar durant uns 30 minuts a 1 hora fins que dobli el seu volum.

Preescalfeu el forn a 400 graus F.

En una paella gran, sofregiu la ceba i el pebrot en l'oli d'oliva fins que estiguin daurats. Afegiu-hi els xoriços i fregiu-los durant 1 minut aproximadament.

Mentrestant, estireu la massa de pizza a la longitud desitjada. Podeu fer 1 pans gran o 2 mitjans. Repartiu la barreja de xouriço i ceba uniformement sobre la massa. Afegiu formatge en aquest punt si voleu.

Estireu la massa amb cura en forma de pa llarg i fiqueu les vores del pa per sota. Coure al forn uns 20 minuts o fins que estigui daurat, depenent del vostre forn. Toqueu suaument el pa i escolteu un so buit. El pa estarà llest en aquest moment. Deixeu refredar abans de tallar.

35 PA CASEROSA

Pao Caseiro

Aquesta recepta està adaptada del meu bon amic Miguel Carvalho. La seva recepta de la regió de l'Alentejo de Portugal utilitza suc de taronja per donar al pa un gust dolç. La primera vegada que vaig fer aquest pa gairebé me'l vaig menjar jo mateix perquè estava molt bo, així que estigueu alerta!

Fa 2 pans mitjans

7 tasses de farina

2 culleradetes de sal marina

2 paquets (2 ½ culleradetes cadascun) de llevat sec actiu

1 culleradeta de sucre

½ tassa de suc de taronja

½ tassa de llet

2 tasses i mitja d'aigua calenta

Preparació

Dissoleu la sal a l'aigua. Poseu la farina en un bol gran i afegiu-hi el llevat, el sucre, la llet, el suc de taronja i l'aigua amb sal.

Barregeu tots els ingredients amb una cullera de fusta fins que quedeu una massa suau o també podeu utilitzar la batedora de peu amb ganxo de massa, o una màquina de pa en cicle de massa. Si la massa encara està molt suau, afegiu-hi més farina.

Tapeu el bol amb un drap calent i deixeu-ho reposar almenys una hora o fins que dobli el seu volum. Enfarineu les mans i poseu la massa sobre una superfície enfarinada. Pastar la massa durant uns minuts i dividir-la en 2 parts.

Preescalfeu el forn a 400 graus F.

Formeu la massa en pans rodons i poseu-los sobre una safata de forn lleugerament enfarinada. Deixeu reposar la massa durant 15 minuts.

Cuini durant uns 30 a 40 minuts o fins que es formi una crosta daurada fosca. Toqueu el pa amb els artells perquè soni buit quan estigui fet.

Refredar abans de tallar.

36PA PLA DE ROMÍ ALL

Broa de Alecrim

El pa pla sovint es coneix com a "Bica" a la meva ciutat natal. Quan faig aquest pa pla em porta als records de la ciutat natal de la meva família, on el pa del nostre poble s'elaborava en un forn comunitari construït a l'època romana.

Un resident home preparava el forn de llenya per coure pa per a la comunitat dues vegades per setmana. Aquells dies, de bon matí, cada família portava la seva massa llevada a punt per coure al forn. En pagament dels seus serveis, cada família donava al forner una porció del pa cuit.

Fa 1 pa gran o 2 petits

5 tasses i ½ de farina

1 i ¾ tasses d'aigua tèbia

¼ tassa d'oli d'oliva

1 paquet (2 i ½ culleradeta) de llevat

1 cullerada de sal

1 cullerada de sucre

cobertures:

2 grans d'all

¼ tassa d'oli d'oliva

2 o 3 culleradetes de romaní (picat)

1 cullerada de sal marina

Preparació

Primer feu l'entrant de llevat:

Col·loqueu el llevat, l'aigua tèbia, la sal i el sucre en un bol petit. Remeneu bé i deixeu reposar uns 5 minuts fins que es formin bombolles.

Col·loqueu la farina en un bol gran. Afegiu ¼ de tassa d'oli d'oliva i la barreja de llevat al centre i barregeu-ho amb ganxos de massa fins que es formi una bola rodona. Afegiu una mica de farina si la massa és massa enganxosa.

Traieu la massa del bol i amasseu uns 5 minuts. Col·loqueu-lo en un bol enfarinat, cobriu-lo amb embolcall de plàstic i una tovallola tèbia. Col·loqueu en un lloc càlid durant 1 hora o fins que dobli el seu volum.

Barregeu l'altra ¼ tassa d'oli d'oliva i l'all en un bol petit i reserveu fins que la massa s'hagi pujat.

Pinteu una safata de forn gran amb una mica d'oli d'oliva.

Esteneu la massa llevada a la safata per al forn. Utilitzeu els dits per estendre la massa a la paella i punxeu els dits per formar ranures. Recobrir amb una capa d'oli d'oliva. Deixeu la focaccia a un costat en un lloc càlid durant aproximadament 1 hora fins que dobli.

Preescalfeu el forn a 425 graus F.

Quan la massa hagi pujat, unteu la massa amb l'oli d'oliva i els alls restants, i ruixeu-ho amb el romaní i la sal marina.

37 ARRÒS PORTUGUES

Arroz a Portuguesa

L'arròs és un ingredient bàsic de la nostra cuina, portat per primera vegada a la Península Ibèrica pels àrabs. Durant el regnat del rei Dom Dinis, van aparèixer les primeres referències escrites al cultiu de l'arròs, però en aquella època l'arròs era menjat principalment pels rics. El meu pare es deia Dinis en honor al rei, potser per això li agradava tant l'arròs! Ell em va ensenyar per primera vegada a cuinar arròs quan era una jove escolar. Em va ensenyar que el secret de l'arròs esponjós és cuinar-lo amb el mètode del sofregit. Pinteu l'arròs amb l'oli d'oliva calent i sofregiu-lo lleugerament abans d'afegir l'aigua bullint o el brou.

Serveis 6-8

2 tasses d'arròs de gra llarg sense coure

1 ceba petita (picada finament)

2 cullerades d'oli d'oliva

1 cub de brou de pollastre o (1 tassa de brou de pollastre però redueix l'aigua en 1 tassa)

4 tasses d'aigua bullint

1 culleradeta de sal

¼ culleradeta de pebre vermell o 1 cullerada de salsa de tomàquet (opcional)

Preparació

En una cassola mitjanament pesada o una paella profunda a foc mitjà, sofregiu les cebes en oli d'oliva durant uns 1 o 2 minuts fins que estiguin lleugerament daurades.

Afegiu l'arròs a la barreja de ceba i oli d'oliva i deixeu-ho sofregir uns minuts fins que quedi cobert d'oli. Afegiu l'aigua bullint, el pebre vermell, el brou i la sal i remeneu.

Torneu a bullir l'arròs i baixeu el foc a mitjà. Remeneu, tapeu la cassola i deixeu-ho coure 15 minuts.

Passats els 15 minuts, traieu la paella de la cassola, remeneu l'arròs, tasteu i afegiu-hi més sal si voleu.

Apagueu el foc, tapeu i retireu la cassola del foc fins que estigui llest per servir.

Com fer una piràmide d'arròs:

Unteu lleugerament un plat o una tassa petita. Col·loqueu l'arròs al bol o a la tassa i premeu amb força. Inverteix l'arròs al plat de servir. Si trobeu que l'arròs s'enganxa a la closca, simplement torneu a untar-lo abans de formar cada piràmide.

Observació:

M'agrada l'arròs més ferm, cuina-lo més temps si ho prefereixes.

No afegiu mai aigua freda a l'arròs després d'haver començat a cuinar, ja que farà que s'enganxi i s'endureixi.

38ARRÒS RABE DE Bròquil

Arros de Grelos

La recepta bàsica d'arròs de la pàgina anterior és fàcil de preparar. Per fer variacions de l'arròs, només cal afegir verdures com el bròquil rabe, bròquil, coliflor o fins i tot pèsols i pastanagues uns minuts abans que finalitzi el procés de cocció de l'arròs. Serveis 6-8

1 manat petit de bròquil rabe (rentat i picat)

2 tasses d'arròs de gra llarg

3 cullerades d'oli d'oliva

1 ceba petita (picada finament)

2 grans d'all (picats)

1 fulla de llorer

4 tasses d'aigua bullint

1 cullaradeta de sal

Preparació

Bulliu el bròquil rabe en aigua bullint durant uns 5 minuts per reduir l'amargor. desguàs.

En una paella de fons gruixut, sofregiu la ceba, l'all i el llorer en l'oli d'oliva durant uns minuts fins que la ceba estigui translúcida.

Afegiu l'aigua i la sal i deixeu-ho bullir.

Afegiu l'arròs i el bròquil rabe. Portar a ebullició, tapar i coure a foc mitjà durant 15 minuts, remenant de tant en tant.

Retirar del foc, remenar, tastar per veure si l'arròs està cuit i deixar reposar l'arròs tapat durant uns minuts perquè absorbeixi l'excés d'humitat.

Abans de servir, afluixa suaument amb una forquilla.

39ARS ESTIL PORTUGUES DE MONTEJA VERDA

Arroz de Feijão Verde

Podeu utilitzar qualsevol tipus de mongetes verdes en aquesta recepta. L'arròs va bé amb carn, aus o peix.

Serveis 6-8

2 tasses de mongetes verdes fresques o congelades

2 tasses d'arròs de gra llarg

½ ceba petita (picada finament)

1 tomàquet petit molt madur (sense llavors)

2 cullerades d'oli d'oliva

2 tasses de brou de pollastre o verdures

2 tasses d'aigua bullint

1 culleradeta de sal

Preparació

Sofregiu la ceba a foc mitjà amb l'oli d'oliva en una cassola de fons mitjà fins que estigui translúcid.

Afegiu-hi el tomàquet, deixeu-ho coure aproximadament 1 minut i tritureu amb la cullera o la forquilla.

Afegiu l'aigua i el brou i deixeu-ho coure fins que bulli.

Afegiu l'arròs i la sal. Tapar i coure a foc mitjà durant 10 minuts.

Tapeu l'arròs i afegiu-hi les mongetes verdes. Remenar, tapar i coure durant 10 minuts més a foc mitjà. Remeneu de tant en tant.

Si trobeu que l'arròs necessita líquid, afegiu només ½ tassa d'aigua bullint o brou fins que l'arròs estigui cuit al vostre gust.

40 ARRÒS DE CIGRÓ

Arroz amb Grao

Els cigrons afegeixen un cruixent de nou a aquest arròs. Combinarà bé amb peix o carn.

Serveis 6-8

2 tasses d'arròs

4 tasses d'aigua bullint

1 ceba petita (picada)

2 cullerades d'oli d'oliva

1 cullerada de salsa de tomàquet

1 culleradeta de sal

1 llauna petita de cigrons (escorreguts i esbandits)

1 culleradeta de julivert (picat finament) (opcional)

Preparació

En una cassola mitjana a foc mitjà, sofregiu la ceba en oli d'oliva fins que estigui translúcida.

Afegiu-hi l'arròs i remeneu-ho per arrebossar-lo amb l'oli d'oliva. Deixeu sofregir l'arròs a foc mitjà uns 2 minuts.

Afegiu l'aigua, la salsa de tomàquet i la sal i deixeu-ho bullir. Reduir el foc a baix, remenar i tapar.

Deixeu coure l'arròs a foc mitjà durant 15 o 20 minuts, remenant unes quantes vegades.

Quan l'arròs estigui cuit, afegiu-hi els cigrons escorreguts, remeneu-ho, tapeu la paella i deixeu reposar l'arròs fins al moment de servir.

41 ARRÒS AMB TOMÀQUET

Arros de tomàquet

Aquesta recepta d'arròs és la més popular. És una combinació perfecta amb filets de peix al forn, però també es pot servir amb la vostra carn a la brasa o rostit.

Serveis 6-8

1 ceba petita (picada finament)

1 gra d'all (picat)

2 cullerades d'oli d'oliva

1 fulla de llorer

1 tassa de tomàquets madurs triturats

2 tasses d'arròs

4 tasses d'aigua bullint

1 dau de brou de pollastre (opcional)

Julivert per guarnir

Preparació

En una cassola mitjana, sofregiu la ceba, l'all i el llorer amb l'oli d'oliva a foc mitjà durant uns 2 minuts. Afegiu-hi el tomàquet i deixeu-ho coure fins que espesseixi i espessi. Tritureu el tomàquet amb un puré de patates o una forquilla. Si us agraden els tomàquets gruixuts, deixeu-los tal com estan.

Afegiu l'arròs, la sal, el pessic de sucre, el dau de brou i l'aigua bullint. Incorporeu-hi l'arròs, tapeu-lo i deixeu-ho coure a foc mitjà durant uns 15 o 20 minuts, remenant unes quantes vegades.

Retirar del foc i reservar fins al moment de servir.

Observació:

Afegiu més tomàquets si voleu més arròs amb tomàquet.

42PATATES A ESTIL PORTUGUÉS

Batatas Assadas

El secret per fer les patates rostides perfectes és fregar-les amb un bon oli d'oliva i després afegir-hi sal i mantega. També hi afegeixo cebes que donen a les patates un gust dolç i salat. A continuació, deixeu-los coure a 400 graus, agitant suaument la paella cada 15 minuts. Feu servir una espàtula per donar-los la volta. Deixeu-los coure més temps per obtenir una pell molt cruixent. Serveis 8-10

2 lliures de patates tallades en trossos de 2 polzades o patates noves petites

1 ceba petita (picada)

1 culleradeta de sal

1 culleradeta d'all en pols

½ culleradeta de pebre

1 culleradeta de pebre vermell en pols

¼ de pal de margarina o mantega fosa

¼ tassa d'oli d'oliva

Preparació

Col·loqueu tots els ingredients en un bol gran. Remeneu bé per arrebossar les patates.

Col·loqueu les patates condimentades en una safata mitjana untada i agiteu la paella per distribuir-les uniformement.

Cuini a 400 F durant aproximadament 1 hora o fins que la forquilla estigui tendra.

Observació:

Llenceu les patates cada 15 minuts per obtenir una textura cruixent. Feu servir una espàtula per girar les patates, no fer servir una forquilla.

43 PATATES ARRESTIDES PUNTADAS

Batatas i Murro

Aquestes patates a l'all són un guarniment deliciós i tan fàcils de fer que potser no torneu a pelar una patata mai més. Rentar i assecar, arrebossar amb oli d'oliva i sal, després coure. Faig l'oli d'all posant l'oli en una cassola petita o un plat apte per al microones, bullint un minut o dos, i després arrossegant l'oli sobre les patates cuites. Aquestes patates se serveixen sovint amb bacalhau o peix al forn, però van de meravella amb qualsevol carn.

Serveis 6-8

2 lliures de patates rodones petites (sense pelar)

Sal grossa

4 a 6 grans d'all (picats)

½ a 1 tassa d'oli d'oliva

Preparació

Rentar i fregar les patates. Traieu qualsevol imperfecció i assequeu-lo. Punxeu en alguns llocs amb una forquilla.

Pinteu amb un raig d'oli d'oliva i fregueu amb sal marina. Col·loqueu les patates en una safata o paella petita per al forn. Utilitzo un plat de forn a taula per servir-lo fàcilment.

Cuini a 400 F durant 45 minuts a 1 hora, depenent del vostre forn.

Mentrestant, feu oli d'all:

Escalfeu l'oli en una cassola petita o al microones i afegiu-hi els alls. Coure a foc lent durant un minut o dos fins que els alls estiguin una mica daurats. No cuini massa o els alls s'amargaran.

Per provar la cocció de les patates, punxeu-les amb una forquilla o premeu suaument una patata mentre subjecteu la mànega del forn. La patata ha de quedar tova.

Quan les patates estiguin a punt, piqueu-les amb el puny embolicat amb un drap de cuina net o amb un mall de carn fins que surtin.

Observació:

Les patates estan calentes, compte!

Quan estigui llest per servir, esteneu suaument les patates obertes i aboqueu-hi l'oli d'all calent.

.

44TRUITA DE PATATES AMB PRESUNTO

Truita de Batata i Presunto

Quan vivia amb els meus pares, sovint em despertava a les sis del matí per l'olor del presunto o chouriço de les truites que la mare feia per dinar al meu pare.

Quan van venir els seus néts, va afegir patates fregides molt fines a les truites. Aquestes truites es van convertir en el dinar preferit dels néts a casa de l'Avo (l'àvia).

Serveis 2-3

6 ous sencers

2 tasses de patates fregides o patates fregides cuites a rodanxes fines

2 llesques de Presunto o ½ xouriço picat petit

¼ tassa de ceba (picada finament)

2 culleradetes de julivert fresc (picat)

Oli d'oliva

Pebre negre triturat

Formatge (opcional)

Preparació

En un bol gran, bateu els ous fins que estiguin espumosos i afegiu-hi les patates fregides o les patates. Deixeu reposar uns 5 minuts perquè es suavitzi.

Mentrestant, sofregiu les cebes i el presunto o chouriço en 3 cullerades d'oli d'oliva fins que estiguin cruixents a foc fort.

Afegiu la barreja d'ou i patata a la paella.

Afegiu 1 culleradeta de julivert.

Coure a foc mitjà durant 3 o 5 minuts, sacsejant la paella perquè no s'enganxi.

Cobriu la paella amb una safata gran, torneu la truita a la paella, amb la part crua cap avall, i cuini durant 2 minuts més.

Decoreu amb formatge i julivert si voleu.

45 AMANIDA DE PATATA A ESTIL PORTUGUS

Amanida Russa

La meva padrina em va ensenyar aquesta recepta quan era molt petit. La primera vegada que el vaig provar no em va importar perquè contenia pèsols, pastanagues, mongetes verdes i una cosa que es deia "maionesa" de la qual no havia sentit a parlar mai en la meva vida. Ella l'anomenava "Amanida russa", una altra paraula que mai havia sentit abans. Avui, aquesta s'ha convertit en l'amanida de patates preferida de la meva família durant els mesos d'estiu. Serveis 6-12

2 ½ lliures de patates pelades o sense pelar (tallades a daus d'1 polzada)

½ ceba petita (picada finament)

1 tassa de pèsols frescos o congelats

1 tassa de pastanagues fresques o congelades, tallades a daus d'1/4 de polzada

1 tassa de mongetes verdes fresques o congelades (opcional)

1 cullerada de julivert picat

2 culleradetes de sal

½ culleradeta de pebre

½ culleradeta d'all en pols

2 cullerades de condiment per amanida italiana

½ tassa de maionesa

½ culleradeta de pebre vermell en pols

6 ous durs (opcional)

Preparació

Poseu les patates en aigua amb sal i deixeu-ho bullir. Passats 5 minuts, afegiu-hi les pastanagues i les mongetes verdes.

Torneu a bullir les verdures i deixeu-ho coure uns 5 minuts més.

Fes forats a les patates per assegurar-te que estiguin cuites. Afegiu pèsols i cebes durant els últims 5 minuts de cocció.

Escorreu les patates en un colador i deixeu-les refredar. Quan s'hagi refredat, poseu-lo en un bol gran.

Barregeu tots els altres ingredients excepte els ous. Doblegueu amb una espàtula de plàstic i remeneu suaument per no trencar les patates.

Talleu els ous a quarts i afegiu-los a les patates.

Transferiu l'amanida a un bol i guarniu-ho amb julivert i una mica de pebre vermell.

Observació:

Emmagatzemar a la nevera fins a 3 dies.

46 OU DE TOMÀQUET I AMANIDA DE PATATA

Salada de Tomate i Batatas com Ovos

Aquesta amanida és fàcil de fer en un bol d'amanida i un plat perfecte per als vostres dies ocupats. Durant els mesos d'estiu faig aquesta amanida almenys un cop per setmana amb tomàquets portuguesos d'herència que conreo al nostre hort. Va bé amb tot tipus de carns i peixos a la brasa i es pot servir com a amanida de plat principal.

Per a 4-6 persones

6 tomàquets madurs (a rodanxes gruixudes o a quarts)

6 patates noves bullides (tallades a daus de 2 polzades)

6 ous durs (a quarts)

1 ceba petita (tallada a rodanxes)

Olives (opcional)

Vestits:

¼ tassa de vinagre de vi blanc

¼ tassa d'oli d'oliva

Salat

Pebre

2 cullerades de julivert (picat)

alfàbrega (picada)

Preparació

Col·loqueu les patates, els tomàquets i els ous en un plat gran per servir.

Poseu els ingredients de l'amaniment en un pot amb tapa o en un bol i barregeu-ho bé.

Amaniu l'amanida, remeneu-la suaument i serviu-la.

47 Teixit portuguès de crustacis

Mariscada

Aquest és el plat de peix preferit de la meva família, que vaig aprendre d'un xef portuguès fa molts anys. La combinació d'ingredients i espècies combina perfectament amb el marisc fresc i crea un brou ric i saborós. El marisc marida perfectament amb l'arròs portuguès.

Per a 2-4 persones

1 llamàntol sencer sense cuinar (a quarts)

1 lliura de gambes crues, pelades i desvenades

1 lliura de cloïsses o cloïsses petites de coll (rentats)

½ lliura de vieires

½ lliura de calamars (tallats a anelles)

1 ceba petita (picada finament)

2 grans d'all (picats)

¼ tassa d'oli d'oliva

1 tassa de Vinho Verde o vi blanc

1 culleradeta de sal

1 culleradeta de pebre vermell en pols

1 tassa de brou de pollastre

2 cullerades de mantega

2 cullerades de coriandre picat (decoració)

Premeu el suc de llimona

Un raig de salsa calenta (si es desitja)

Preparació

Sofregiu les cebes i els alls amb oli d'oliva en una paella gran i pesada a foc mitjà durant un minut. Afegiu-hi el llamàntol i deixeu-ho coure a foc lent durant uns minuts. Afegiu les cloïsses, el vi, el pebre vermell, la sal, el dau de brou i el pebre, tapeu i deixeu-ho coure 5 minuts.

Afegiu el brou de pollastre, les gambes i les vieires, tapeu i deixeu-ho coure a foc mitjà durant 5 minuts més o fins que s'obrin les cloïsses.

Afegiu la mantega i deixeu-ho coure 5 minuts més perquè la mantega espessi la salsa.

Tasteu la salar i afegiu-hi salsa picant o més condiments si voleu.

Abans de servir, afegiu-hi el coriandre ben picat i ruixeu-ho amb un raig de suc de llimona.

Servir amb arròs.

48 GAMBETES FERCIDES AL FORN A L'ESTIL PORTUGUS

Camarao Recheado

Aquesta recepta de gambes farcides al forn que vaig aprendre fa molts anys d'un xef portuguès s'ha transmès al llarg dels anys a la meva família. Els panets portuguesos són la base del farcit que dóna una gran textura i sabor. És perfecte per farcir peix, pollastre o fins i tot verdures com bolets o carbassons.

Mai més tornaràs a llençar els vells papo secos un cop facis aquesta recepta. Només cal posar els panets vells a les bosses del congelador per fer-los més tard. El farcit es congela molt bé, així que us suggereixo que feu un lot doble i que després congeleu la meitat en bosses de congelació per a la propera vegada que el feu.

Per a 4-6 persones

2 lliures de gambes extragrans (entre 10 i 12 per lliura) (pelades i desvenades amb cues)

3 rotllos de papo seco (preferiblement d'un dia)

15 galetes Ritz o una altra marca de galetes de mantega

1 paquet de crostons d'all

½ tassa d'api (picat finament)

½ tassa de ceba (picada finament)

3 cullerades d'oli d'oliva

½ pal (4 cullerades) de mantega fosa

1 lliura de gambes crues petites o mitjanes (pelades i desvenades)

¼ tassa de vi blanc

1 culleradeta de pebre vermell en pols

½ culleradeta d'all en pols

½ culleradeta de sal

1 dauet petit de brou de pollastre

2 cullerades de julivert (picat finament)

Preparació

Preparació de gambes:

Peleu les gambes petites i grans i poseu-les en bols separats. Conserveu les closques.

Bulliu les cloïsses en 3 tasses d'aigua i una mica de sal durant uns 8 minuts. Colar el brou en un bol gran i deixar refredar. Descartar les closques.

En una paella petita, sofregiu la ceba i l'api amb oli d'oliva durant 5 minuts fins que estiguin translúcids a foc mitjà.

Traieu les cebes i l'api amb una cullera ranurada i deixeu una mica d'oli d'oliva a la paella. Deixeu refredar la barreja de ceba en un bol petit.

A la mateixa paella amb l'oli d'oliva restant, afegiu-hi les gambes petites, el dau de brou, l'all, la sal i el pebre vermell.

Cuini durant 1 minut fins que les gambes es tornen una mica rosades. Afegiu-hi el vi i deixeu-ho coure 3 minuts més fins que el vi s'hagi reduït.

Retireu la paella del foc i deixeu que la barreja de gambes es refredi mentre prepareu el farcit de pa.

Prepareu el farcit:

Talleu el pa a trossos petits i afegiu-los al bol amb el brou de gambes.

Tritureu el pa amb els dits o amb una forquilla fins que no quedin grumolls. El pa ha de tenir la consistència de la massa humida, com la massa. Si trobeu el pa massa sec, afegiu-hi brou o aigua. Deixeu que el pa absorbeixi la humitat.

Esmicoleu les galetes amb les mans i afegiu-les al pa. Afegiu-hi les cebes i l'api refredat. El farcit estarà humit, però si us sembla massa líquid, afegiu-hi més pa o galetes.

Afegiu les gambes i el julivert al farcit i barregeu-ho bé. Tasteu i afegiu-hi més sal si cal.

Deixeu de banda mentre prepareu les gambes per farcir.

Muntatge de gambes:

Prepareu les gambes grans traient amb cura l'extrem corbat del tall de papallona i tallant-les a rodanxes.

Unteu una safata de forn amb mantega o margarina i poseu cada papallona de gambes cap amunt a la paella. Col·loqueu 1 cullerada o més del farcit al centre de cada gambeta.

Col·loqueu els crostons en una bossa de plàstic ziploc. Tanqueu bé i assegureu-vos que no hi hagi aire. Esmicoleu els crostons en molles molt fines. Això hauria de produir aproximadament 1 i ½ tasses.

Espolseu 1 culleradeta o més dels crostons esmicolats sobre cada gambeta. No tingueu por d'utilitzar tota la barreja de molla.

Doblegueu suaument les cues sobre el farcit per formar una forma de "c". Afegiu una culleradeta de mantega fosa a la part superior de cada gambeta.

Coure al forn a 375 graus F durant uns 15 a 20 minuts fins que les gambes es tornen rosades i daurades. Traieu immediatament les gambes del forn perquè no s'assequin.

Aboqueu més mantega fosa sobre cada gambeta abans de servir.

Observació:

Podeu deixar les gambes al forn a foc molt lent per mantenir-les calentes abans de servir-les. Aneu amb compte ja que es poden assecar si la calor és massa alta.

No llenceu mai els papo secos vells, només poseu-los en bosses de congelador per fer aquest farcit més endavant.

Feu un doble lot del farcit i congeleu-lo col·locant-lo en bosses o bols de plàstic aptes per al congelador.

49GAMBETES AMB ARRÒS AMB PIDOLS

Arroz de Camarao

Aquesta recepta és prou bona per servir als vostres convidats en una ocasió especial, però també podeu fer-la quan vulgueu una recepta ràpida i fàcil els vostres dies sense carn. El pebre vermell dolç i el vi blanc aporten un sabor salat a les gambes i mariden perfectament amb l'arròs esponjós. Serveis 6-8

1 ceba petita (picada finament)

3 cullerades d'oli d'oliva

2 tasses d'arròs de gra llarg

3 tasses d'aigua bullint

1 tassa de brou de pollastre

1 cullereta de sal

1 tassa de pèsols dolços congelats

Entre 1 i 2 lliures de gambes pelades crues mitjanes

1 cullereta de pebre vermell en pols

1 cullereta de vi blanc

Preparació

En una cassola gruixuda i mitjana, sofregiu la meitat de la ceba amb 2 cullerades d'oli d'oliva fins que quedi translúcid a foc mitjà.

Afegiu l'arròs i sofregiu durant aproximadament 1 minut per arrebossar-lo amb l'oli d'oliva. Afegiu lentament l'aigua bullint, el brou, la sal i el brou de pollastre i remeneu.

Quan l'arròs bulli, tapeu i reduïu el foc a mitjà.

Cuini entre 15 i 20 minuts, remenant només una o dues vegades. Tapa i retira del foc.

Preparació gambes i pèsols:

En una paella petita molt alta, sofregiu la ceba restant amb 1 cullerada d'oli d'oliva fins que estigui translúcida.

Afegiu-hi les gambes i deixeu-les coure durant aproximadament 1 minut o fins que les gambes es tornen rosades. Afegiu-hi els pebrots i el vi i deixeu-ho coure 1 minut més. Afegiu els pèsols, remeneu i deixeu-ho coure durant 1 minut.

Incorporeu les gambes i els pèsols a l'arròs i serviu.

50 ARRÒS DE MARISC

Arroz de Marisco

La combinació de marisc i arròs cuinat amb espècies saboroses i després cuit al forn desenvolupa una capa superior cruixent amb una textura de nou. Aquest plat clàssic se serveix sovint en casaments i celebracions especials.

Per a 4-8 persones

1 llagosta sencera fresca (picada)

1 lliura de gambes mitjanes sense cuinar (pelades i desvenades)

½ lliura de vieires

1 lliura de vieires petites de coll (rentats)

1 lliura de cloïsses (rentats i netejats)

1 ceba petita (picada finament)

1 gra d'all (picat)

1 tassa de tomàquets madurs (aixafats)

½ pebrot vermell petit (picat finament)

1 tassa de pèsols crus

Pessic de safrà

1 culleradeta de pebre vermell en pols

1 culleradeta de sal

4 tasses de brou de pollastre

2 tasses d'arròs de gra llarg sense coure

½ tassa de Vinho Verde o vi blanc

Coriandre per guarnir (opcional)

Preparació

Preescalfeu el forn a 350 graus F. Saltegeu la ceba, el pebrot vermell i l'all amb l'oli d'oliva, en una olla gran i profunda apta per al forn o una cassola.

Afegiu-hi els trossos de llamàntol i sofregiu-los uns minuts.

Afegiu-hi el vi, els tomàquets, el pebre vermell i la sal i deixeu-ho coure uns 5 minuts fins que redueixi. Afegir el brou i portar a ebullició.

Afegim l'arròs i el safrà i remenem a foc fort uns 5 minuts, remenant. Tasteu i afegiu-hi més espècies si cal.

Traieu la paella del cremador.

Incorporeu-hi els pèsols. Col·loqueu les gambes, les vieires, les cloïsses i les cloïsses uniformement submergides a sobre de l'arròs.

Coure al forn sense tapar durant uns 30 minuts fins que l'arròs i el marisc estiguin ben cuits i les cloïsses s'obrin.

51 CLOIXES AMB CHOURIÇO

Ameijoas com Chouriço

Aquesta combinació de surf i gespa amb xouriço picant i cloïsses suculentes fa que sigui una salsa picant. Servir amb baguette per submergir-lo en el brou. Serveis 2

2 lliures de coll petit o cloïsses de manila (rentats i fregats)

1 xoriço (tallat a rodanxes d'¼ de polzada)

½ ceba petita (picada finament)

2 grans d'all (picats)

1 tomàquet petit molt madur (aixafat)

2 cullerades d'oli d'oliva

½ tassa de vi blanc

½ culleradeta de piri piri o salsa calenta (opcional)

2 cullerades de coriandre (picat finament)

Premeu el suc de llimona

Preparació

Sofregiu les cebes i els alls i l'oli d'oliva en una paella mitjana fins que estiguin translúcids. Afegim el xouriço i sofregim uns 2 minuts.

Afegiu-hi els tomàquets, el vi, la salsa picant i els musclos. Barrejar, tapar i coure a foc mitjà durant uns 5 a 8 minuts fins que s'obrin les cloïsses.

Acabeu amb un raig de suc de llimona fresc.

Abans de servir, afegiu-hi el coriandre com a guarnició.

52 ESTIL COD À GOMES DE SA

Bacalhau a Gomes de Sa

Aquest plat és originari de la ciutat de Porto, Portugal i porta el nom del seu creador Gomes de Sa. Aquest clàssic és una de les receptes de bacalhau més populars i es pot trobar a les cartes de la majoria de restaurants portuguesos.

Aquest és un dels plats més sol·licitats pels meus amics i familiars. Aquest clàssic se serveix més sovint en el sopar de la Consoada de Nit de Nadal i en moltes celebracions.

Serveis 6-10

2 lliures de bacallà desossat

4 lliures de patates petites (pelades i tallades a rodanxes d'1 polzada)

2 cebes grans

3 guants d'all picat

1 fulla de llorer

1 cullleradeta de sal

1 cullleradeta de pebre

1 tassa d'oli d'oliva

6 ous durs

1 tassa d'olives

2 culleradetes de julivert picat

2 grans d'all picat o 1 culleradeta d'all en pols

½ culleradeta de sal per a les cebes

Preparació

Com rehidratar el bacallà salat:

Si teniu un bacallà sencer, talleu-lo en porcions de 4 x 6 polzades. Esbandiu amb aigua freda i poseu-ho cobert en una olla gran d'aigua freda a la nevera durant 2 dies, canviant l'aigua dues vegades al dia fins que desaparegui la salada.

Si el vostre bacallà és molt espès, potser haureu de posar-lo en remull més temps.

Per comprovar la salar, talleu un trosset del bacallà i tasteu-lo. Ha de tenir gust de bacallà, però tot i així quedar una mica salat.

No deixeu el bacallà a l'aigua més de 3 dies, en cas contrari es tornarà farinós i sense sabor.

Congelar en porcions en bosses de plàstic.

Prepareu bacallà i patates:

Poseu les patates cobertes amb aigua freda en una cassola gran. Afegiu-hi sal, deixeu-ho bullir i deixeu-ho coure durant 10 minuts.

Col·loqueu el bacallà sobre les patates bullint i deixeu-ho coure uns 8 minuts o fins que estigui escamosa.

Retireu el bacallà de la paella i deixeu-ho refredar.

Quan s'hagi refredat, traiem tots els ossos i tallem el bacallà a tires.

Escorreu les patates i deixeu-les refredar. Talleu les patates a rodanxes d'¼ de polzada i reserveu-les.

Preparació de cebes:

En una paella gran, sofregiu les cebes picades, l'all, ½ cullerideta de sal i el llorer amb ½ tassa d'oli d'oliva fins que estiguin daurats.

Retireu la fulla de llorer i deixeu refredar les cebes uns minuts.

Per muntar:

Untem amb oli d'oliva una paella gran i profunda per al forn. Col·loqueu primer les patates, després els flocs de bacallà i finalment les cebes.

Aboqueu oli d'oliva i pebre per sobre de cada capa i acabeu amb una capa de ceba per sobre. Afegiu all en pols a cada capa si us agrada l'all.

Cobrir amb paper d'alumini i coure a 350 graus F durant uns 20 minuts.

Cuini sense tapar durant 5 o 10 minuts més fins que quedi cruixent desitjat.

Traieu la paella del forn.

Talleu els ous a rodanxes i poseu-los a sobre de la capa de ceba. Afegiu-hi més sal, pebre o all si cal.

Torneu la cassola al forn a foc càlid fins que estigui llest per servir.

Afegiu julivert, més oli d'oliva i olives com a guarnició abans de servir.

53 Bacallà amb cigrons

Bacalhau amb Grao

El bacallà amb cigrons és una autèntica recepta antiga que ha estat una de les maneres més populars de menjar bacalhau durant segles. Sovint es substitueixen els cigrons a la recepta pels pèsols d'ulls negres.

Serveis 2

1 lliura de bacallà desossat (tallat en porcions de 2 a 8 unces)

2 tasses d'aigua

1 llesca de ceba

2 tasses de cigrons cuits

vinagreta:

¼ tassa d'oli d'oliva

½ tassa de vinagre de vi blanc

1 gra d'all (picat)

¼ culleradeta de sal

¼ culleradeta de pebre negre

Guarnició:

2 cullerades de julivert (picat)

1 cullerada de ceba (picada finament)

Preparació

En un bol mitjà, feu la vinagreta barrejant els ingredients i reserveu.

Mentrestant, escalfa el bacallà en una cassola mitjana plena d'unes 2 tasses d'aigua i la rodanxa de ceba. Deixeu-ho coure suaument a foc mitjà durant uns 8 o 10 minuts.

Traieu el bacallà de la paella, escorreu-lo i tapem per mantenir-lo calent.

Escalfeu els cigrons a foc lent. Escorreu i poseu amb el bacallà en un plat de servir.

Aboqueu-hi la vinagreta i serviu.

Afegiu més oli d'oliva i espècies si voleu.

Afegiu la guarnició.

54 ESTIL BRAZ COD

Bacalhau a Braz

Aquesta recepta, que porta el nom del seu creador, es va originar fa centenars d'anys a l'Estremadura (que significa extremitats), a la regió costanera del centre de Portugal. Aquesta costa és coneguda per les abundants aigües de pesca i els vents constants que creen onades oceàniques rècords.

Serveis 2

½ **lliura de bacallà desossat (picat finament)**

2 patates (pelades i tallades en llumins petits)

3 ous

¼ **tassa de ceba tallada a rodanxes fines**

1 gra d'all

1 fulla de llorer

1 cullerada de julivert (picat)

Olives per guarnir

Sal i pebre al gust

2 cullerades d'oli d'oliva

Oli per fregir patates

Preparació

Fregiu les patates en oli ben calent i reserveu-les.

Sofregiu les cebes, els alls i el llorer en oli d'oliva fins que estiguin translúcids.

Incorporeu el bacallà a les cebes i deixeu-ho coure durant aproximadament 1 minut. Traieu la fulla de llorer. Afegiu els ous i deixeu-ho coure a foc molt lent fins que estigui lleugerament cuit.

Incorporeu suaument les tires de patates i el julivert als ous.

Afegiu sal i pebre al gust. Decoreu amb olives i julivert.

55 Bacallà al forn AMB PATATES I CEBA

Bacalhau Assado

El bacallà, les patates i l'oli d'oliva són una combinació feta al cel. Aquest plat és una de les receptes de bacalhau més populars i se serveix tradicionalment per al sopar de Nit de Nadal. Aquesta és la recepta de la meva germana Isabel. Per a 4-6 persones

4 porcions (de 6 a 8 oz) de bacallà amb os

De 12 a 20 patates rodones petites

2 cebes grans (tallades a rodanxes)

1 pebrot gran

½ a 1 tassa d'oli d'oliva

1 fulla de llorer

4 grans d'all (picats)

Pebre negre

2 culleradetes de julivert picat

Olives negres per guarnir

Preparació

Preescalfeu el forn a 400 graus F.

Rentar i assecar les patates, tallar-les a quarts i bullir-les uns 10 minuts. Escórrer i reservar.

Cobriu el fons d'una paella gran amb unes quantes cullerades d'oli d'oliva.

Poseu el bacallà a la paella i rodegeu-lo amb les patates.

Aboqueu el bacallà amb les cebes tallades a rodanxes, els pebrots, l'all i el llorer i un raig amb l'oli d'oliva restant. Bullir durant 35 minuts.

Punxeu les patates perquè estiguin cuites. Si no estan del tot cuits, retireu el bacallà de la paella i deixeu que les patates es coguin més temps.

Quan estigui llest per servir, guarniu amb olives negres, oli d'oliva de la paella i julivert.

56ESTIL COD À ZÉ DO PIPO

Bacalhau à Ze do Pipo

Originari de la ciutat de Porto, aquest plat porta el nom del seu creador, Zé do Pipo, propietari d'un famós restaurant d'aquesta ciutat als anys 60. El xef va guanyar un concurs nacional de cuina amb aquesta recepta i des de llavors molts restaurants l'han inclòs als seus menús. Per a 4-6 persones

1 lliura de bacallà (tallat en 4 porcions)

8 patates grans (pelades i tallades a quarts)

1 culleradeta de sal

½ tassa d'oli d'oliva

1 ceba gran a rodanxes

1 gra d'all tallat a daus

1 fulla de llorer

¼ tassa de farina per coure el bacallà

2 cullerades de mantega

1 tassa de llet

1 rovell d'ou

½ tassa de maionesa

1 pebrot vermell rostit petit

Olives negres

julivert

Preparació

Bulliu les patates en aigua bullint durant uns 25 minuts. Retirar del foc, escórrer i afegir la llet, la mantega, el rovell d'ou i el pebre. Fer puré i reservar.

Submergeix el bacallà a la farina i fregeix-lo amb oli d'oliva a foc mitjà fins que estigui daurat. Poseu-los sobre paper de cuina per treure l'excés d'oli.

Sofregiu les cebes, els alls i el llorer amb el mateix oli d'oliva que heu fet servir per fregir el peix fins que estiguin lleugerament daurats. Traieu la fulla de llorer.

Col·loqueu les porcions de bacallà en una cassola gran apta per al forn o en ramequins individuals.

Pinteu el bacallà amb la barreja de ceba i envolteu-lo amb el puré de patates. Cobriu cada peça amb unes quantes cullerades de maionesa seguida d'una rodanxa de pebrot vermell.

Coure al forn a 350 graus F durant 20 minuts fins que la maionesa es torni daurada.

Decoreu amb olives i julivert.

57 BOOSTER ESTIL ESPANYOL

Bacalhau com Molho à Espanhola

La meva mare va aprendre aquesta recepta dels venedors ambulants espanyols que sovint passaven la nit al seu llit i esmorzar. També va aprendre a parlar castellà d'ells, cosa que em va sorprendre. Podeu substituir el bacallà per qualsevol peix escamost en aquesta recepta, però només afegiu el peix a l'arròs durant els últims 5 minuts de cocció. Per a 4-6 persones

1 lliura de bacallà desossat

2 tasses d'arròs de gra llarg

1 culleradeta de sal

2 cullerades d'oli d'oliva

1 ceba petita tallada a daus

1 pebrot vermell petit (a rodanxes fines)

1 fulla de llorer

1 pebrot verd petit (a rodanxes fines)

2 petits tomàquets madurs triturats

2 grans d'all (picats)

2 culleradetes de julivert (picat)

Salat

Pebre

Olives negres

Preparació

Coure el bacallà en 4 tasses d'aigua bullint durant 8 a 10 minuts. Escórrer, reservant l'aigua i tallar el bacallà a tires i reservar.

Sofregiu les cebes, l'all, el pebrot i el llorer en l'oli d'oliva en una paella mitjana durant uns 3 minuts fins que estiguin translúcids.

Afegiu-hi els tomàquets i el bacallà i deixeu-ho coure a foc mitjà entre 5 i 8 minuts. Reservar fins que l'arròs estigui fet.

Preparació de l'arròs:

Poseu les 4 tasses d'aigua en una cassola gran i deixeu-ho bullir. Afegiu 1 cullaradeta de sal i l'arròs. Reduir el foc a mitjà, tapar i coure durant 15 minuts.

Afegiu el bacallà a l'arròs i remeneu per incorporar-lo. Coure a foc lent uns 5 minuts fins que s'absorbeixin els sabors.

Tasteu i afegiu-hi més condiments si cal.

Decoreu amb julivert i olives abans de servir.

58 FILETS DE PEIX FREGITS A LA PAella

Filetes de Peixe

Portugal és una nació marinera amb una indústria pesquera ben desenvolupada. Té el consum de peix per càpita més alt d'Europa i es troba entre els quatre primers del món. Aquesta recepta crea un peix al forn lleugerament arrebossat amb un gust de llimona que combina perfectament amb l'arròs portuguès. Per a 4-6 persones

2 lliures de filets de peix (preferiblement bacallà o eglefino, però podeu utilitzar qualsevol peix blanc escamoss) (tallat en porcions de ½ polzada de gruix)

2 ous

1 cullerada d'aigua

Farina

Sal i pebre

½ culleradeta d'all en pols (opcional)

1 llimona

1 tassa i ½ d'oli per fregir (preferiblement blat de moro o vegetal)

1 cullerada d'oli d'oliva

Rodalles de llimona

Preparació

Condimenteu el peix amb sal, pebre i all. Premeu el suc de la meitat de la llimona sobre el peix i reserveu-ho uns 5 minuts. (No deixeu reposar el peix a la llimona durant més d'uns minuts o l'acidesa el dissolrà).

Bateu els ous amb l'aigua en un bol mitjà.

Poseu la farina en un bol mitjà. Amb un mètode de mà seca i humida, pinzellar el peix amb l'ou, sacsejar l'excés i dragar amb farina.

Poseu l'oli en una paella pesada a ½ polzada de profunditat. Escalfar a mitjà. Proveu l'oli enganxant una punta del filet de peix a l'oli. Brillarà quan estigui fet.

Fregiu de 4 a 6 peces de peix en lots a l'oli calent durant uns 4 minuts per costat fins que estiguin daurades. Ajusteu el foc si el peix es daura massa ràpidament.

Poseu els filets sobre paper de cuina perquè absorbeixin el greix.

Decoreu amb rodanxes de llimona abans de servir.

59 CALAMARS CUITS

Lulas Guisadas

Els calamars d'aquesta recepta es couen en un brou de tomàquet i vi, fent-los tendres i sucosos. Aquesta recepta em va ensenyar per primera vegada fa molts anys la meva encantadora sogra quan m'acabava de casar, ja que era un dels plats preferits del meu marit.

Per a 4-6 persones

2 lliures de calamars netejats

1 xouriço petit (a rodanxes)

¼ tassa d'oli d'oliva

1 ceba gran (tallada a rodanxes)

1 pebrot vermell gran

2 fulles de llorer

4 grans d'all (picats

1 tassa de tomàquets molt madurs (aixafats)

1 tassa de vi blanc

Espremeda de llimona

2 cullerades de julivert (picat)

Preparació

....

Talleu els calamars en anelles d'aproximadament una polzada de gruix i talleu els tentacles.

Sofregiu la ceba, l'all, el pebrot i el llorer en l'oli d'oliva. Afegiu-hi els tomàquets, el vi, la sal i el pebre i deixeu-ho coure uns minuts.

Afegiu-hi els calamars i el xouriço i deixeu-ho coure a foc lent durant uns 20 o 30 minuts, remenant sovint fins que els calamars s'estovin. Afegiu aigua si observeu que la salsa es fa massa espessa.

Serviu amb patates bullides.

Decoreu amb un raig de llimona i julivert abans de servir.

60 CALAMARS A L'ALL

Lulas Grelhadas

Aquest calamar a la planxa és a l'all, dolç i tendre. Es couen en pocs minuts per cada costat, així que no els coeu massa. Per a 4-6 persones

2 lliures de calamar cru net (tallat longitudinalment en tires de 2 polzades)

1 culleradeta de sal

Pebre

Oli d'oliva

vinagreta:

½ tassa d'oli d'oliva

½ tassa de vinagre de vi blanc

5 grans d'all (picats)

2 cullerades de ceba (picada finament)

Salat

Pebre

2 cullerades de julivert (picat finament)

Preparació

Amaniu els calamars i els tentacles amb sal i pebre i unteu-los amb oli d'oliva.

Grill sobre carbó o graella de gas molt calent durant uns 4 minuts per mida fins que estiguin daurats i reserveu-los en una safata calenta.

Mentrestant, prepareu la vinagreta en un bol petit barrejant bé tots els ingredients.

Aboqueu la vinagreta sobre els calamars cuits. Decorar amb julivert.

Serviu amb patates bullides, al forn o arròs.

61 Teixit de marisc portuguès

Caldeirada de Peixe

La costa de Portugal és rica en marisc collit pels pescadors. El peix i el marisc són l'ingredient principal de molts dels plats nacionals. Es diu que aquesta sopa d'una olla prové d'aquests pescadors durant les seves expedicions a l'oceà Atlàntic. Conté els sabors del marisc i les espècies portades de les exploracions arreu del món.
Per a 4-6 persones

1 lliura de patates (tallades a daus de 2 polzades)

2 cullerades d'oli d'oliva

3 cebes mitjanes (a rodanxes fines)

1 pebrot vermell (picat finament)

3 grans d'all (picats)

2 fulles de llorer

3 tomàquets molt madurs (aixafats)

1 tassa de Vinho Verde o vi blanc

1 tassa de brou de pollastre o peix

2 o 3 tasses d'aigua

½ lliura de gambes (pelades i desvenades)

½ lliura de vieires petites de coll (rentats)

½ lliura de llisa fresca en peix (tallada en trossos de 2 polzades)

½ lliura de peix blanc escamost desossat (tallat en trossos grans de 2 polzades)

½ lliura de calamars (netejats i tallats en anelles d'1 polzada)

2 culleradetes de sal

½ culleradeta de pebre vermell en pols

Coriandre per guarnir

Preparació

En una cassola gran i gruixuda, sofregiu la ceba, l'all, el llorer i el pebrot en l'oli d'oliva durant uns 5 minuts fins que estiguin translúcids.

Afegiu-hi els tomàquets, els pebrots i el vi i deixeu-ho coure uns 5 minuts fins que el vi espessi. Afegiu-hi les patates, el brou i l'aigua i deixeu-ho coure a foc fort uns 15 minuts.

Afegiu-hi el marisc, per capes, primer el peix a l'os, després els calamars, les cloïsses i finalment el peix blanc escamost.

Tapa i cuini a foc mitjà durant uns 10 o 15 minuts a foc mitjà fins que s'obrin les cloïsses.

Tasteu i afegiu-hi més espècies si cal. Espolvorear amb coriandre picat abans de servir.

62 ARRÒS DE POP

Arroz de Polvo

La meva mare era una cuinera frugal i molt creativa a la cuina quan es tractava de restes. Aquesta és la seva recepta i un dels meus arrossos preferits amb restes de pop del sopar de Nit de Nadal de la nostra família. Serveis 6-8

1 lliura de pop cuit (picat)

1 ceba petita (picada)

1 gra d'all (picat)

2 cullerades d'oli d'oliva

1 tomàquet petit molt madur (aixafat)

2 tasses d'arròs de gra llarg sense coure

4 tasses de brou de pollastre calent

½ culleradeta de sal

Julivert per guarnir

Preparació

En una paella gruixuda, sofregiu la ceba i l'all amb l'oli d'oliva a foc mitjà fins que estiguin translúcids.

Afegiu-hi el pop i el tomàquet i sofregiu-los uns minuts perquè s'infusin els sabors.

Afegiu l'arròs i el brou calent i deixeu-ho bullir a foc fort. Reduir el foc a mitjà, remenar, tapar i coure durant uns 15 minuts.

Si observeu que l'arròs s'ha assecat i ha de coure més temps, afegiu-hi més brou o una mica d'aigua bullint.

Afegiu-hi més espècies si cal, guarniu amb julivert i serviu.

63 POP AL FORN AMB PATATES

Polvo Assado amb Batatas

El pop es cull a les aigües costaneres de Portugal i es considera una delícia. Alguns xefs colpejaven els tentacles amb un martell, i alguns suggereixen afegir un tap de vi al líquid de cocció per tendre. El cuino amb una ceba entre 1 i 1,5 hores, però alguns triguen més. Aquesta recepta se serveix sovint la nit de Nadal, però també es pot menjar durant tot l'any. Per a 4-6 persones

2 lliures de pop

1 ceba gran

1 ceba gran (picada)

2 lliures de patates rodones petites (rentades i seques)

1 pebrot vermell gran (picat finament)

3 grans d'all (picats)

½ tassa d'oli d'oliva

¼ tassa d'oli d'oliva

1 cullerada de vinagre blanc

1 culleradeta de sal

1 culleradeta de pebre

1 fulla de llorer

Julivert per guarnir

Preparació

Cuini el pop sencer bullint-lo amb la sal i la ceba en aigua suficient per cobrir-lo amb 2 polzades addicionals d'aigua. Cuini durant 1 hora o més fins que el pop estigui cuit.

Col·loqueu les patates en una safata de forn profunda i amaniu-les amb sal i pebre. A sobre amb ½ de la ceba picada crua i ½ tassa d'oli d'oliva i cuinar a 400 F durant uns 30 minuts, agitant la paella de tant en tant.

Sofregiu la ceba restant, el pebrot vermell, l'all i el llorer en ¼ de tassa d'oli d'oliva durant uns 5 minuts. Afegiu-hi el vinagre i deixeu-ho coure un minut. Deixar de banda.

Quan el pop estigui cuit, escorreu-lo i afegiu-lo a la paella amb les patates.

Aboqueu la barreja de ceba sobre les patates i el pop.

Cuini a 350 graus F fins que les patates estiguin completament cuites.

Decoreu amb julivert picat abans de servir.

64CONILL MODAT AMB ARRÒS

Arroz de Coelho

El conill té més proteïnes que la carn de vedella i és més baix en colesterol i calories que qualsevol altra carn. Podeu trobar conill fresc a moltes carnisseries i botigues especialitzades. Per a 4-8 persones

1 (2 a 3) lliures de conill fresc (tallat a trossos petits)

2 tasses d'arròs de gra llarg

2 culleradetes de sal

Pebre

¼ tassa d'oli d'oliva

1 ceba petita (picada)

1 tomàquet petit (aixafat)

1 gra d'all (picat)

1 fulla de llorer

1 branca de romaní fresc

½ tassa de vi negre

4 tasses d'aigua bullint

Julivert per guarnir

Preparació

Marinar el conill amb sal, pebre, romaní i el vi blanc i deixar a la nevera almenys 1 hora o tota la nit.

En una cassola gran i gruixuda, sofregiu les cebes, els alls i les fulles de llorer amb oli d'oliva fins que estiguin translúcids.

Escorreu el conill, retireu el romaní, reserveu la marinada i afegiu-hi la carn a la paella amb la ceba. Fregiu a foc mitjà i daureu el conill per cada costat.

Afegiu la marinada reservada, 1 tassa d'aigua i el tomàquet. Coure a foc mitjà durant 45 minuts, remenant sovint.

Afegiu l'arròs i remeneu per incorporar els sabors. Afegiu l'aigua bullint a la cassola, remeneu i tapeu.

Coure a foc mitjà durant 20 minuts, remenant sovint fins que estigui tendre. Potser haureu d'afegir més aigua bullint si l'arròs ha de coure més temps.

Destapar, remenar i afegir espècies si cal.

Decorar amb julivert i servir

65ESTIU CAÇADOR DE CONILL

Coelho a Cacador

Aquest guisat de conill és una recepta clàssica que feia la meva mare per a ocasions especials. És fàcil de fer perquè es cuina en una paella.

Per a 4-6 persones

2 a 3 lliures d'os a la carn de conill (picada)

1 ceba gran (picada)

2 tomàquets grans molt madurs

2 grans d'all (picats)

1 tassa de vi negre

1 o 2 tasses d'aigua

2 fulles de llorer

1 culleradeta de sal

1 culleradeta de pebre

1 cullerada d'oli d'oliva

Preparació

Marinar el conill amb tots els ingredients excepte els tomàquets en un bol gran. Refrigerar durant la nit.

Traieu el conill de la nevera 30 minuts abans de cuinar-lo.

Escalfeu l'oli en una paella molt gran per al forn. Escorreu el conill i reserveu la marinada.

Cuini el conill a la paella a foc mitjà fins que estigui daurat pels dos costats.

Afegiu les cebes, la marinada restant i els tomàquets i deixeu-ho coure a foc mitjà durant 20 minuts.

Afegiu-hi una mica d'aigua si cal per diluir la salsa.

Afegiu 1 o 2 tasses d'aigua i continueu la cocció. Afegiu més aigua si la salsa s'asseca.

Escalfeu el forn a 350 graus F.

Posa la paella al forn i rosteix el conill durant aproximadament 1 hora fins que la carn caigui de l'os.

Serviu amb arròs o patates bullides.

66 POLLATRE AL PEBRE ROST

Franko Assado

Els sopars de diumenge en una casa portuguesa solen incloure un pollastre rostit, i cada cuiner de casa té la seva pròpia tècnica. Aquesta recepta és fàcil de preparar i sempre surt perfecta. Podeu ser creatius i afegir les vostres pròpies espècies per fer-ho vostre. Serviu amb la meva recepta de patata rostida o arròs. Per a 4-6 persones

1 pollastre rostit gran

2 culleradetes de sal

1 culleradeta de pebre

2 culleradetes d'all en pols

2 culleradetes de pebre vermell en pols

1 ceba petita (a quarts)

1 tija d'api petita (picada)

½ d'una llimona

2 cullerades d'oli d'oliva

1 cullerada de mantega o margarina

1 branca de julivert fresc

½ tassa de vi blanc

Preparació

Barregeu les espècies juntes en un bol petit.

Rentar el pollastre i assecar-lo. Frega el pollastre amb oli d'oliva i margarina i espolvora amb les herbes.

Poseu la ceba, l'api i el julivert a la cavitat. Aboqueu el vi a la cavitat. Premeu el suc de llimona sobre el pollastre i col·loqueu la pell a la cavitat.

Deixeu marinar el pollastre a la nevera durant almenys 2 hores, durant la nit.

Quan estigui llest per cuinar, col·loqueu el pollastre marinat a temperatura ambient en una paella gran.

Cuini a 400 graus F durant 1 hora i mitja per a un pollastre petit de 3 a 4 lliures.

Observació:

Tot i que el temporitzador del pollastre pot augmentar, deixeu que el pollastre es cogui més temps fins que estigui cruixent i daurat.

67 POLLATRE AL ROMÈR AMB LLIMONA I PIBRENÇÓ

Frango Assado amb Alecrim

Faig un pollastre rostit almenys un cop a la setmana i mai no decep. He incorporat pebre vermell a aquest plat de pollastre amb romaní, que afegeix una mica de dolçor i va bé amb la llimona picant.

Bulliu els moniatos juntament amb el pollastre a la mateixa cassola. Per a 4-6 persones

1 pollastre rostit (3-4 lliures)

1 llimona

2 culleradetes d'oli d'oliva

1 culleradeta de sal

1 culleradeta d'all en pols

1 ceba petita (picada)

2 cullerades de margarina

1 culleradeta de pebre vermell en pols

1 culleradeta de romaní fresc o sec

3 o 4 moniatos (opcionalment tallats per la meitat)

Preparació

Rentar el pollastre i assecar-lo. Talleu la llimona per la meitat i premeu el suc d'una meitat sobre el pollastre. Poseu la pela i la meitat de la ceba picada a la cavitat.

En un bol petit, combineu la sal, l'all en pols, el pebre vermell i el romaní i barregeu-ho bé. Frega la barreja d'espècies sobre el pollastre.

Poseu la margarina sota el pit i sobre el pollastre. Espolvorear amb la ceba restant i regar amb oli d'oliva.

Col·loqueu el pollastre en una paella gran envoltat de patates.

Coure al forn a 400 graus F durant 1 i ½ a 2 hores fins que la pell del pollastre s'hagi tornat daurada i cruixent. Mentre el pollastre es cuina, aboqueu les gotes sobre les patates cada mitja hora.

Quan el pollastre estigui cuit, talleu-lo a la cuixa. Si els sucs són clars, el pollastre està fet. La temperatura en un termòmetre de carn hauria de llegir entre 180 i 190 graus.

Observació:

Deixeu-ho reposar uns 8 minuts abans de tallar-lo. És possible que noteu que el vostre temporitzador s'ha acabat, però deixeu que el pollastre es cogui més temps per obtenir un color daurat cruixent.

68 POLLASTRE A LA GRAELLA

Frango no Churrasco

Frango Churrasco és popular per menjar a l'estiu, fer pícnics familiars i festivals. Hi ha molts restaurants anomenats Churrasqueiras a tot Portugal i a les comunitats d'immigrants portugueses que només venen pollastre a la brasa al menú.

Hi ha moltes receptes diferents per a aquest plat, des de sal i pebre fins a afegir orenga i romaní. La meva recepta combina les clàssiques espècies portugueses de sal, pebre, all, pebre vermell i salsa de piri piri en vi blanc.

Per a 4-6 persones

2 pollastres fregidors petits (de 3 a 4 lliures cadascun)

4 grans d'all triturats

2 culleradetes de sal

1 cullerada de pebre vermell en pols

½ tassa de vi blanc

Suc de mitja llimona

2 cullerades de piri piri o una salsa calenta

2 cullerades d'oli d'oliva

Marinada per untar al pollastre:

2 cullerades de mantega o margarina

½ tassa de vi blanc

Sobra de marinada

Preparació

Papallona el pollastre tallant-lo a l'espina i partint-lo pel pit.

Barregeu la sal, el pebre, l'all, el pebre vermell, el vi llimona i la salsa piripiri en un bol petit.

Pinteu el pollastre amb la marinada. Col·loqueu-lo en una paella poc profunda o bossa de plàstic i refrigereu-ho durant almenys 2 hores o millor durant la nit.

Traieu el pollastre de la nevera almenys 30 minuts abans de cuinar-lo a la graella.

Quan estigui llest per cuinar, retireu els pollastres de la paella i reserveu la marinada.

Col·loqueu la pell del pollastre cap amunt a la graella calenta. Tanqueu la graella i deixeu coure el pollastre durant 10 minuts.

Comproveu el pollastre cada 5 minuts i manteniu-lo lluny de les flames.

En una cassola petita, combineu la marinada que quedi amb la mantega i ½ tassa de vi i deixeu-ho bullir a la graella i poseu-ho a la graella perquè es mantingui calent abans d'arrossar el pollastre.

Cuini el pollastre durant uns 45 minuts a 1 hora. Raspalleu amb la marinada restant cada pocs minuts fins que estigui cuita.

Observació:

També podeu cuinar el pollastre al forn a 350 graus F durant 10 minuts si cal.

69 POLLATRE PIRI PIRI AL FORN

Frango Piri Piri

El pollastre Piri Piri surt sucós i saborós amb una puntada picant. Si no podeu cuinar a la graella a l'exterior durant els mesos de fred, coeu aquest pollastre sota el grill del forn durant 10 minuts i, a continuació, acabeu-lo al forn.

Per a 4-8 persones

2 pollastres fregidors petits (aproximadament 3 lliures cadascun)

2 culleradetes de sal

1 culleradeta de pebre

1 culleradeta d'all en pols

1 culleradeta de pebre vermell en pols

2 cullerades de piri piri o una salsa calenta

¼ tassa de vinho verde o vi blanc

Preparació

Marinar els pollastres amb tots els ingredients i refrigerar durant la nit o almenys 2 hores abans de cuinar-los.

Col·loqueu els pollastres, amb la pell cap amunt, en una safata gran per rostir o per coure. Coure al forn fins que la pell estigui daurada, uns 10 minuts.

Observació: Deixeu la porta del forn oberta una mica perquè pugueu mantenir els ulls posats en el pollastre i no es cremi ni fumi.

Apagueu la graella i poseu el forn a 400 graus F.

Col·loqueu el pollastre a la reixeta del forn central i cuini durant 1 hora o fins que el pollastre estigui completament cuit i cruixent.

Serviu-lo amb més salsa calenta per submergir-lo, si voleu.

70 POLLATRE A LA PORTUGUESA AMB ARRÒS

Arroz de Frango

El meu pare odiava tant les patates que la meva mare cuinava arròs per als nostres sopars familiars molts dies de la setmana, inclòs aquest plat de pollastre i arròs. Ho teníem tantes vegades que el meu pare deia sovint; "Estem menjant tant pollastre que aviat tindrem ales!" Per a 4-6 persones

1 pollastre fregit petit de 3-4 lliures (tallat en uns 10 trossos)

2 tasses d'arròs de gra llarg

1 ceba petita (picada)

1 gra d'all petit (picat)

1 fulla de llorer

2 pastanagues grans (picades)

1 tomàquet petit molt madur

¼ tassa d'oli d'oliva

1 cullaradeta de pebre vermell en pols

1 cullerada de sal

1 polsim de pebre negre

½ tassa de vi blanc

1 cub de brou de pollastre

5 tasses d'aigua bullint

Preparació

Renteu i assequeu el pollastre i traieu l'excés de pell del pollastre. Marinar amb sal, pebre, pebre vermell, vi i refrigerar almenys 2 hores o tota la nit.

Quan estigui llest per cuinar, sofregiu la ceba i l'all amb l'oli d'oliva en una cassola gruixuda o una paella profunda fins que estiguin translúcids.

Afegiu-hi el pollastre, les pastanagues, el tomàquet i el llorer. Cuini a foc mitjà fins que el pollastre es dauri, girant-lo de tant en tant.

Afegiu el vi, 2 tasses d'aigua, el brou i la marinada restant. Remeneu, tapeu i deixeu-ho coure durant almenys 40 minuts.

Passats els 40 minuts, afegiu-hi les 3 tasses d'aigua bullint, deixeu-ho bullir i afegiu-hi l'arròs. Remeneu, espereu que bulli l'arròs, remeneu, tapeu i deixeu-ho coure a foc mitjà durant uns 15 minuts.

Retirar del foc i deixar reposar tapat fins al moment de servir.

71 TURQUIA ROSA A L'ESTIL PORTUGUS

Perú Assado

Les espècies portugueses milloren el gall dindi en aquesta recepta i li donen un sabor de pebre vermell salat. Hi ha moltes variacions per preparar el gall dindi d'Acció de Gràcies, però aquesta recepta la vaig aprendre quan era molt petit veient la meva mare preparar el gall dindi el dia abans de l'Acció de Gràcies, el primer any que vam arribar a Amèrica. Serveis 10-12

1 (15) lliures de gall dindi

2 cullerades de sal

1 llimona

1 ceba gran

1 tija gran d'api

3 branquetes grans de julivert

1 pastanaga gran

¼ tassa d'oli d'oliva

1 culleradeta d'all en pols

1 cullerada de pebre vermell en pols

1 culleradeta de pebre

2 cullerades de mantega

½ tassa de Vinho Verde o un altre vi blanc

3 tiges d'api

1 ceba gran

Preparació

Traieu l'envàs i traieu el coll i els menuts de les dues cavitats del gall dindi.

Rentar el gall dindi, el coll i les menudes amb aigua ben freda. Mantingueu el coll i les entranyes en existències per a un ús posterior. Frega el gall dindi uniformement per dins i per fora amb la sal.

Talleu les llimones per la meitat i fregueu el gall dindi per dins i per fora, esprémer el suc mentre fregueu. Col·loqueu les peles a la cavitat.

Repartiu la mantega per sota de la pell del pit i per sobre del gall dindi i per sobre amb el pebre vermell, el pebre i l'all en pols, deixant una mica per marinar la cavitat.

Poseu l'api, la ceba i la pastanaga a la cavitat. Frega el gall dindi amb l'oli d'oliva.

Posar a la nevera i deixar marinar durant la nit.

Preescalfeu el forn a 350 graus F.

Traieu el gall dindi de la nevera almenys 30 minuts abans de cuinar-lo.

Col·loqueu unes branques d'api i unes rodanxes de ceba al fons d'una cassola gran amb tapa i poseu-hi el gall dindi.

Observació:

Un gall dindi mitjà d'uns 15 lliures trigarà unes 3 hores a cuinar-se a 350 graus.

Tot i que el teu temporitzador pot aparèixer, potser no vol dir que estigui completament cuit, prova el gall dindi amb un termòmetre. Hauria d'arribar als 165 graus F.

Marinar el gall dindi cada hora amb els sucs de la cocció.

Si us agrada una pell daurada fosca al vostre gall dindi, traieu el paper d'alumini durant els últims 30 minuts de cocció.

Deixeu reposar el gall dindi almenys 20 minuts abans de tallar-lo.

No llenceu el líquid de cocció. Deseu-los per fer una salsa casolana.

Escalfeu el gall dindi amb una mica de pollastre calent o brou de gall dindi.

Nota: una prova senzilla per veure si el gall dindi està fet:

Estireu la cuixa lluny del cos; si el fèmur no es trenca fàcilment, continueu cuinant el gall dindi.

salsa de pa:

Feu una salsa de paella simplement colant els sucs en una cassola petita. Deixeu reposar els sucs durant uns minuts i elimineu l'excés de greix de la part superior.

Afegiu-hi unes cullerades de farina i deixeu-ho coure a foc lent almenys 5 minuts, remenant constantment, fins que la salsa quedi espessa.

Afegiu una mica de nata o llet per fer una salsa més lleugera.

72 PORC MODERAT I CLÏÏSES ESTIL ALENTEJANA

Carne de Porco a Alentejana

Aquesta recepta tradicional es pot trobar a les cartes dels restaurants portuguesos d'arreu del món. El nom "Alentejana" significa que el plat prové de la regió de l'Alentejo de Portugal. L'origen del nom, "Além-Tejo", es tradueix literalment com "Més enllà del Tajo" o "A través del Tajo".

La regió està separada de la resta de Portugal pel riu Tajo i s'estén cap al sud on limita amb l'Algarve. El nom de Carne de Porco Alentejana era per distingir que el porc utilitzat en el plat prové de la regió del país on es produeix el porc negre ibèric. La carn del porc ibèric té un major contingut en greix, la qual cosa fa que la carn sigui més tendra i saborosa.

El meu marit sempre diu; "Com la Jell-O, sempre hi ha lloc per a la Carne Alentejana!"

Serveis 6-8

2 lliures de llom de porc desossat (tallat en 2 daus)

1 ceba petita picada

½ culleradeta de comí en pols

2 grans d'all picats

1 culleradeta de pasta de pebre vermell (opcional)

1 i ½ culleradeta de sal

¼ tassa d'oli d'oliva

1 fulla de llorer

1 tassa de vi blanc o Vinho Verde

1 cullerada de pebre vermell fumat

1 cub de brou de pollastre

2 culleradetes de piri piri o salsa calenta

4 tasses de patates crues tallades a daus de 2 polzades

2 lliures de vieires de coll fresques petites

Oli per fregir patates

guarnició opcional:

½ tassa de verdures Giardiniera

Coriandre fresc picat

Olives

Preparació

Salpebreu la carn de porc en un bol gran, amb; sal, all, llorer, pebre vermell, comí, pebre vermell i ½ tassa de vi. Remeneu-ho bé i deixeu-ho marinar durant almenys 2 hores o refrigereu-ho durant la nit.

Abans de començar a cuinar la carn de porc, fregiu les patates en oli calent fins que estiguin daurades i rectifiqueu de sal. Deixar de banda.

Poseu les cloïsses en un bol amb aigua freda i 1 cullerada de sal. Deixeu reposar la carn de porc a la nevera durant aproximadament ½ a 1 hora.

Traieu la carn de porc de la nevera 30 minuts abans de cuinar-la.

Escalfeu una paella gran o wok a foc alt amb ¼ tassa d'oli d'oliva. Afegiu les cebes i deixeu-ho coure durant aproximadament 1 minut. Escorreu la carn de porc, reservant la marinada i afegiu-la a les cebes. Deixeu daurar la carn per tots els costats uns 5 minuts.

Rentar i assecar les cloïsses. Afegiu-hi la carn de porc juntament amb el vi i l'adob restant. Cobrir i coure a foc mitjà fins que les cloïsses s'obrin, uns 10 minuts. Afegiu més vi i salsa calenta si voleu. Quan la carn de porc estigui cuita, afegiu-hi les patates al forn i remeneu suaument a foc lent per absorbir els sabors.

Afegiu la guarnició com vulgueu i serviu.

Observació:

No cuini massa la carn de porc o s'assecarà.

73LLOM DE PORC FARCIT DE PRESUNTO

Lombo de Porco Recheado com Presunto

Presunto i farcit de formatge afegeixen un sabor salat i fumat al llom de porc, i la ceba caramel·litzada i la reducció de vi de Porto aporten dolçor per equilibrar la salar del presunto.

Aquest és un plat d'ocasió especial que farà molt feliços els vostres convidats. Jo serveixo aquest porc amb patates rostides, però també acompanya l'arròs.

Serveis 6-8

1 (3 o 4 lliures) de llom de porc desossat

6 llesques de presunto o prosciutto (tallada a daus)

1 tassa d'espinacs (picats) opcional

3 cullerades de julivert fresc (picat finament)

2 grans d'all (picats)

3 llesques del vostre formatge preferit

4 cullerades d'oli d'oliva

½ tassa de pa ratllat

½ culleradeta de sal

1 culleradeta d'all en pols

1 culleradeta de pebre vermell en pols

Ingredients ceba caramel·litzada:

1 ceba gran tallada a rodanxes

½ tassa de vi negre

½ tassa de Vinho do Porto (vi de Porto)

2 cullerades de mantega

Preparació

Poseu el presunto, els espinacs, el pa ratllat, 2 cullerades d'oli, el julivert i l'all en un bol petit i barregeu-ho bé.

Doblegueu suaument el filet i esteneu-lo pla sobre una taula de tallar.

Repartiu el farcit d'espinacs uniformement sobre la carn de porc i enrotlleu suaument la carn de porc en forma de tronc. Lliga amb una corda o utilitza broquetes llargues per mantenir la carn de porc.

Condimenteu la carn de porc amb sal, all en pols i pebre vermell.

Col·loqueu la carn de porc enrotllada en una paella i daureu-la uniformement amb les 2 cullerades d'oli d'oliva restants. Retirar de la cassola i posar en una cassola.

ceba caramel·litzada:

Daureu les cebes a la mateixa paella durant 1 minut. Afegiu-hi el vi negre, el porto i la mantega. Continueu cuinant a foc mitjà fins que el vi es redueixi a la meitat i espessi.

Cuinar carn de porc:

Aboqueu la reducció de vi de ceba sobre el llom de porc. Cuini la carn de porc a 350 graus F durant 45 minuts a 1 hora fins que la carn de porc arribi a 165 graus.

Deixeu reposar 5 minuts abans de tallar-los.

74 TIRES DE PORC A LA GRILLA AMB CEBA I PEBRE

Bifanas com Cebolada

Les bifanes són tan populars a Portugal com les hamburgueses a Amèrica. Es fa una barbacoa en pícnics, esdeveniments esportius i festivals. Són fàcils de preparar a casa simplement fent-los a la planxa en una paella. Es poden servir amb o sense ceba, segons les vostres preferències.

Serviu-los com a plat principal acompanyat d'arròs o patates, o com el clàssic "entrepà bifana" de tires de porc sobre un pa portuguès.

Per a 4-6 persones

2 lliures de llom de porc desossat

1 culleradeta de sal

1 cullerada d'all en pols o 3 grans d'all triturats

1 culleradeta de pebre vermell

½ culleradeta de pebre

½ tassa de vi blanc

1 o 2 cullerades de salsa piri piri (ajusteu-vos al vostre gust)

Preparació

Talleu el filet de porc a rodanxes de mig centímetre. Col·loqueu les rodanxes entre un embolcall de plàstic i bateu-les amb un mall de carn fins que la carn de porc tingui ¼ de polzada de gruix. Aquest procés farà que la carn de porc sigui molt tendra.

Amaniu amb la resta d'ingredients i deixeu que la carn de porc s'adobi durant almenys mitja hora abans de cuinar, però el millor és deixar-la tota la nit a la nevera.

Cuini a una graella calenta a l'aire lliure o en una paella durant uns 3 o 4 minuts per costat o fins que estigui completament cuit.

A sobre amb la recepta de ceba caramel·litzada.

Recepta de cebes i pebrots caramel·litzats:

Aquesta recepta de ceba és molt versàtil i es pot servir amb carn de porc, bistec o peix.

2 cebes mitjanes

2 pebrots grans

3 cullerades d'oli d'oliva

½ culleradeta d'all en pols

½ culleradeta de sal

½ culleradeta de pebre

2 cullerades de vi blanc o vinagre blanc

Preparació

Sofregiu les cebes i els pebrots amb oli d'oliva fins que estiguin translúcids i lleugerament daurats.

Afegiu-hi els ingredients restants i deixeu-ho coure fins que les cebes estiguin daurades. Deixeu-ho a foc lent fins que estigui llest per abocar-lo sobre la carn de porc.

75 LLOM DE PORC FREGIT AMB CEBA I ALL

Lombo de Porco Assado

No és més fàcil que utilitzar sal, pebre, pebre vermell, all i oli d'oliva per cuinar carn. Vaig afegir ceba per donar un sabor dolç i salat a aquest plat clàssic de porc. Si feu una gran festa, feu servir un llom de porc sencer i doblegueu els ingredients de la recepta. Serveis 6-8

1 (4) lliura de llom de porc desossat

1 cullerada de sal

6 grans d'all fresc (picats)

1 cullerdeta de pebre vermell en pols

1 cullerdeta de pebre negre

1 ceba gran a rodanxes

1 cullerada d'oli d'oliva

Preparació
Condimenteu la carn de porc amb sal, all, pebre vermell i pebre i deixeu-ho marinar a la nevera almenys 1 hora o tota la nit.

Quan estigui llest per cuinar, regeix amb oli d'oliva i ceba tallada a rodanxes.

Rostir la carn de porc a 350 graus F durant aproximadament 1 hora i 15 minuts, arrossegant amb salsa de ceba cada 20 minuts.

Cuini durant 15 minuts més.

Quan la temperatura interna arribi als 155 graus F, retireu el rostit del forn i deixeu-lo reposar uns 20 minuts abans de tallar-lo.

76 PORC ESTIL TRASMONTANA GUISAT DE FEVETS

Feijoada a Transmontana

Feijoada es va originar a la regió del nord de Portugal al voltant del segle XIV. En aquella època la carn era escassa, ja que es subministrava carn per alimentar els soldats a la guerra. Els agricultors pobres van començar a utilitzar cada part del porc com a element bàsic en la seva dieta, juntament amb les mongetes i la col que estaven fàcilment disponibles. Generalment, el plat s'elabora amb mongetes blanques, però a la comarca de Tras os Montes s'utilitzen mongetes vermelles.

Aquesta recepta està adaptada de la recepta del meu germà John, que era un plat preferit a la carta del Matador. És un atractiu perfecte per a una festa. Va bé amb l'arròs, però assegureu-vos de tenir una mica de pa cruixent per absorbir la deliciosa salsa. Per a 4-8 persones

2 lliures de costelles d'esquena per a nadons

1 xoriço

1 lliura de morro negre (si es desitja)

1 lliura (presunto, pernil d'espatlla fumat o ventresca de porc curada tallada a tires de 2 polzades)

1 col petita o col (picada finament)

2 pastanagues a rodanxes

1 ceba gran picada finament

2 grans d'all picats

¼ tassa d'oli d'oliva

2 fulles de llorer

1 cullerada de sal

1 culleradeta de pebre vermell dolç

1 culleradeta de comí en pols

2 a 3 grans de 32 oz. llauna de mongetes cuites

½ tassa de tomàquet triturat

2 lliures de garrons o artells de porc i orelles de porc (si es desitja)

Preparació

La nit abans de cuinar:

Salar les costelles i el ventrell de porc. Rentar els artells amb aigua freda, salar-los i refrigerar durant la nit per absorbir la sal.

El proper dia:

Cuinar els lloms de porc en una olla gran amb aigua sense sal durant almenys 1 hora i 1/2, o fins que es tallin fàcilment. Reserveu 2 tasses de brou per després.

Mentrestant, sofregiu la ceba, l'all i el llorer en l'oli d'oliva durant uns 5 minuts.

Afegiu costelles, ventresca de porc i pebrot. Coure uns 5 minuts perquè no s'enganxin a la paella.

Afegiu 2 tasses del líquid de cocció dels artells i deixeu coure les costelles durant 20 minuts més, remenant de tant en tant.

Afegiu-hi la resta de la carn (xouriço, presunto, pernil, artells), la col picada, les pastanagues i la salsa de tomàquet.

Remeneu suaument i deixeu-ho coure uns 30 minuts.

Afegiu-hi les mongetes (opcionalment afegiu-hi morro) i deixeu-ho coure 10 minuts més.

Remeneu l'olla suaument per no trencar les mongetes ni la col.

Serviu amb arròs portuguès i pa cruixent.

Observació:

El plat sap encara millor l'endemà, així que no us espanteu si us queden algunes.

Si observeu que l'estofat s'ha espessit l'endemà, només cal afegir una mica d'aigua bullint o brou per diluir la salsa.

77 VIATGE I PARADA DE FEVA BLANCA

Dobrada

Sovint coneguda com "Tripas à moda do Porto", Dobrada prové de la ciutat de Porto. Al segle XV, els millors talls de carn s'enviaven des dels ports de la ciutat a les tropes en guerra a l'Àfrica, deixant enrere els talls de menor qualitat. Plats com aquest estan fets per utilitzar aquesta carn. Des de llavors, aquest plat regional s'ha fet famós i els habitants de la ciutat sovint l'anomenen "tripeiros".

Al llarg dels anys, he modificat aquesta recepta familiar afegint costelles d'esquena, el tall de porc preferit del meu marit i el meu fill.

Serveis 8-10

3 llaunes (32 oz) de mongetes blanques del nord

1 lliura de costelles de porc (tallades per la meitat a 3 o 4 polzades)

1 lliura o més de tripa

1 lliura de peus de porc (opcional)

1 xoriço gran (tallat a rodanxes d'¼ de polzada)

1 cullerada de sal

Pebre

1 ceba gran (picada)

¼ tassa d'oli d'oliva

4 grans d'all (pelats)

1 fulla de llorer

½ culleradeta de comí

2 pastanagues (tallades a rodanxes)

1 tassa de vi blanc

1 tassa de tomàquets triturats

1 a 2 tasses de brou de pollastre

1 culleradeta de pebre vermell en pols

Julivert per guarnir

Preparació

Dia abans de cuinar:

Rentar els callos i els peus de porc. Saleu els callos, els peus de porc i les costelles i poseu-los a la nevera tota la nit.

Quan estigui llest per preparar:

Coeu els callos i els peus de porc en aigua bullint durant almenys 1,5 o 2 hores.

Quan estigui cuit, traieu la carn i talleu els callos a trossos petits d'1 o 2 polzades i els peus de porc a trossos de 2 polzades. Reservar i reservar 2 tasses de brou per a més tard si cal.

Escalfeu l'oli d'oliva en una paella gran i gruixuda. Afegiu les cebes, els alls, les pastanagues, el llorer i el comí i deixeu-ho coure uns 5 minuts.

Afegiu-hi les costelles i daureu-les a foc mitjà durant uns 10 minuts. Afegiu-hi els tomàquets, el vi i els pebrots i deixeu-ho coure 5 minuts.

Afegiu-hi el brou, els callos i els peus de porc, el xouriço i les mongetes i deixeu-ho coure a foc lent durant uns 30 minuts, remenant sovint.

Tasteu i afegiu-hi més condiments si cal.

Decorar amb julivert. Serviu sobre arròs portuguès amb pa cruixent.

Comentaris:

És possible que hàgiu d'afegir una mica del brou reservat si trobeu que el guisat és massa espès.

Guardeu-lo a la nevera i afegiu-hi una mica d'aigua bullint si s'ha fet massa espessa a l'hora de servir l'endemà.

78PORC CUIT AMB PATATES

Carne de Porco a Portuguesa

Aquesta recepta està adaptada de la clàssica Carne à Alentejana. No s'utilitzen cloïsses, però el sabor és igual d'intens. Serveis 6-8

2 lliures de llom de porc desossat (tallat en daus de 2 polzades)

2 lliures de patates pelades (tallades a daus d'1 polzada)

1 ceba petita picada

2 grans d'all picats

1 culleradeta de sal

¼ tassa d'oli d'oliva

1 fulla de llorer

1 tassa de Vinho Verde o vi blanc

1 cullerada de pebre vermell fumat

1 cub de brou de pollastre

1 cullerada de maizena

1 tassa d'aigua

2 culleradetes de piri piri o una salsa calenta

Preparació

Col·loqueu la carn de porc en un bol gran. Afegiu sal, all, piri piri, oli d'oliva, llorer i ½ tassa de vi. Remenem bé i deixem marinar durant una hora aproximadament. Deixeu reposar tota la nit si el temps ho permet.

Quan estigueu a punt per cuinar el porc, fregiu les patates fins que estiguin daurades i reserveu-les.

Escorreu la carn de porc i reserveu la marinada.

Escalfeu una paella gran o wok a foc alt amb ½ tassa d'oli d'oliva. Afegiu les cebes i deixeu-ho coure durant aproximadament 1 minut, després afegiu-hi la carn de porc. (No afegiu líquid encara). Daurar la carn per tots els costats i coure uns 5 minuts.

Afegiu brou, aigua, vi, adob i més salsa calenta si voleu. Cuini uns 5 minuts més.

En un bol petit, barregeu ½ tassa d'aigua amb la maizena i remeneu fins que la maizena es dissolgui. Afegiu maizena a la carn de porc i deixeu-ho coure durant 5 minuts fins que espesseixi.

Afegiu les patates al porc, remeneu-ho i deixeu-ho coure a foc lent durant uns 2 minuts.

Decoreu amb olives, coriandre i escabetx si voleu.

79FROTGE SEC DE PORC PORTUGUÉS

Costela de Porco Assada

Aquestes costelles surten sucoses i tendres i la carn cau de l'os. El senzill condiment d'all, pebre vermell, sal i pebre és la combinació perfecta per mantenir-lo senzill. Serviu amb patates al forn o arròs. Serveis 6-8

1 costella de porc (de 3 a 4 lliures)

2 culleradetes de sal

2 grans d'all (picats)

2 culleradetes de pebre vermell en pols

1 culleradeta d'all en pols

1 culleradeta de comí

1 culleradeta de pebre negre

¼ tassa de vi blanc

1 cullerada de piri piri o salsa tabasco (opcional)

1 cullerada d'oli d'oliva

Preparació

Col·loqueu totes les espècies excepte el vi en un bol petit i barregeu-ho bé.

Frega les costelles amb el vi blanc i l'all i es deixa reposar uns minuts. Fregueu la barreja d'espècies i deixeu-ho reposar almenys 2 hores, però el millor és marinar durant la nit a la nevera.

Traieu les costelles de la nevera 30 minuts abans de cuinar-les per portar-les a temperatura ambient i poseu-les en un motlle.

Regar les costelles amb oli d'oliva. Coure al forn a 325 ° F durant 2 hores, o fins que estigui completament cuita i la carn caigui de l'os.

Observació:

També podeu preparar aquestes costelles de recanvi a la graella exterior. Fregiu a foc mitjà, girant cada 5 o 10 minuts fins que estigui daurat.

Proveu les costelles tallant-ne una. Si el ganivet talla fàcilment la costella, ja està.

80ESPATLETA DE PORC ASSORT AMB PATATES ARRESTIDES

Pernil Assado amb Batatas

Aquesta recepta d'espatlla de porc és fàcil de fer un diumenge mandrós perquè només la poseu al forn i es cuina sola. El porc surt humit i saborós. Ja tens prou restes per al dia següent. Tritureu la carn de porc amb una forquilla per fer un dels entrepans preferits de la meva família: entrepans de porc tirat sobre un pa portuguès cruixent.

Serveis 10-12

1 (de 6 a 8 lliures) espatlla fresca de porc

2 cullerades de sal marina o sal kosher

1 culleradeta de pebre recent mòlt

3 grans d'all (picats)

1 ceba gran (picada)

3 pastanagues grans (a quarts)

1 fulla de llorer

6 a 8 patates (tacades a daus)

1 cullerada d'oli d'oliva

1 culleradeta de pebre vermell en pols

1 tassa de vi blanc

Preparació

Deixeu reposar la carn de porc almenys 30 minuts perquè arribi a temperatura ambient abans de cuinar-la.

Preescalfeu el forn a 400 graus F.

Rentar i assecar l'espatlla. Col·loqueu sobre una taula de tallar i talleu la pell, amb compte de no tallar-ne la carn. Condimenteu la carn de porc amb sal. Col·loqueu-los amb la pell cap amunt i poseu-los en una paella gran amb oli d'oliva. Cuini sense tapar durant 30 minuts fins que la pell comenci a crepitar i daurar.

Passats 30 minuts, torneu a girar el foc a 325 graus. Tapeu amb una tapa o bé amb paper d'alumini gruixut i deixeu-ho coure durant 2 hores.

Passades 2 hores, traieu-lo del forn i acabeu la carn de porc amb els pebrots, els alls i les cebes. Afegiu les pastanagues a la paella de manera uniforme al voltant de la carn de porc i remeneu-les amb els degoteigs de la paella. Afegir el vi i remenar.

Tapeu la carn de porc i coeu-la a 325 graus durant 1 hora més. Després d'1 hora, arrossegueu amb una paella que degoti.

Afegiu les patates de manera uniforme al voltant de la carn de porc i remeneu-les amb degoteig. Afegiu una mica més de vi si observeu que els sucs s'han assecat.

Tapar i coure durant 45 minuts més a 325 graus.

Deixeu reposar la carn de porc durant 10 minuts abans de tallar-la.

81BIS I OUS A L'ESTIL PORTUGUS

Bife al portuguès

Podeu trobar aquest plat clàssic de bistec al menú de gairebé tots els restaurants portuguesos. El que fa que aquest plat sigui tan saborós és la combinació de vi negre, all i oli d'oliva per crear una salsa rica que s'aboca sobre el bistec i l'ou. Serveis 2

2 (8 oz) de filet de llom (½ o 1 polzada de gruix)

4 grans d'all (a rodanxes)

Salat

Pebre

2 ous

1 cullerada d'oli d'oliva

4 o 6 patates petites (pelades i tallades a rodanxes d'¼ de polzada o talls regulars)

Oli per fregir patates

Reducció de vi:

2 cullerades d'oli d'oliva

2 cullerades de mantega

½ tassa de vi negre

Preparació

Condimenteu els filets amb sal i pebre i deixeu-los marinar durant la nit o almenys 1 hora.

Fregiu les patates en oli calent, escorreu-les, salpebreu-les i manteniu-les calentes al forn.

Cuini els filets amb l'all en una paella calenta amb 1 cullerada d'oli d'oliva durant 3 minuts per cada costat. Retirar de la cassola i afegir els ingredients per reduir el vi. Cuini la reducció fins que es redueixi a la meitat.

Torneu els filets a la paella a foc lent amb la reducció.

Mentrestant, cuini 2 ous amb el sol cap amunt en una paella antiadherent petita a part.

Escalfeu un plat gran per servir al forn. Col·loqueu el bistec al centre del plat, envoltat de les patates fregides casolanes. Poseu un ou a cada filet. Aboqueu la salsa de la paella sobre el bistec i els ous. Amaniu amb més sal i pebre. Decoreu amb julivert si voleu.

Observació:

Aquest plat se sol servir amb arròs portuguès.

82 BROCHETS DE CARN DE VEDA PICANTS DE KABOB

Espetada de Bife com Piri Piri

Aquestes broquetes de vedella són fàcils de fer per a un xef. La ceba rostida dolça i el pebrot vermell temperen el picant del piri piri. Serviu sobre arròs per a una combinació perfecta. Per a 4-6 persones

2 lliures de llom o filet de llom (unes 6 a 8 oz per persona)

1 ceba gran

1 pebrot vermell o verd gran

1 culleradeta de sal

1 culleradeta de pebre

2 grans d'all triturats

1 culleradeta de pebre vermell en pols

1 a 2 culleradetes de piri piri o salsa calenta

2 cullerades d'oli d'oliva

Mantega o margarina

Broquetes

Preparació

Observació:

Remullar les broquetes de fusta en aigua durant 30 minuts abans de fer els kebabs.

Talleu el filet i les verdures a daus de 5 cm i amaniu-ho amb sal, pebre, all, 1 cullerada d'oli d'oliva i salsa picant.

Feu la broqueta enroscant el bistec i les verdures en rotació alterna. Tapa i deixa marinar a la nevera durant 1 o 2 hores.

Quan estigui llest per cuinar, traieu les broquetes de la nevera i deixeu-ho reposar durant 10 minuts. Pintem amb l'oli d'oliva restant.

Preescalfeu la graella a foc mitjà i cuini els broquets fins que estiguin daurats, uns 8 a 10 minuts, depenent de la vostra graella.

Col·loqueu en un plat calent. Raspallar amb mantega i cobrir amb paper d'alumini. Deixeu reposar de 2 a 3 minuts.

83 TRUITA DE CHOURICO

Truita de Chouriço

La truita de xouriços senzilla és molt popular. És deliciós, fàcil de fer i perfecte per esmorzar, un dinar ràpid o fins i tot per sopar. El xouriço a la planxa dóna als ous un sabor dolç i picant de pebre vermell. Per a 2-4 persones

6 ous

½ lliura de xouriço (a rodanxes)

1 ceba petita (picada)

1 cullerada de julivert (picat)

1 cullerada d'aigua

2 cullerades d'oli d'oliva

¼ tassa de formatge ratllat

1 tomàquet madur petit

Salat

Pebre

1 tomàquet petit (picat) (opcional)

Preparació

En un bol gran, batem els ous amb l'aigua i rectifiquem de sal i pebre.

Escalfeu l'oli en una paella gran antiadherent a foc mitjà. Afegiu la ceba i sofregiu-la fins que estigui translúcida. Afegiu el xouriço i deixeu-ho coure a foc mitjà fins que es dauri lleugerament per cada costat.

Afegiu amb cura els ous batuts de manera uniforme sobre el xouriço.

Deixeu que els ous es couin mentre afluixeu suaument els ous cuits dels costats amb una espàtula per permetre que els ous crus es filtrin pels costats. Quan el fons de la truita estigui daurat, tapeu la paella amb un plat prou gran per cobrir la paella.

Doneu la volta a la truita, amb la part crua cap avall, i deixeu-ho coure uns minuts més.

Decorem amb julivert, salpebrem.

Serviu calent o fred.

L'amor de Portugal per les postres riques en ous va començar fa segles. Es creu que el gran ús d'ous en les seves postres es va deure al procés dels cellers portuguesos que utilitzaven clares d'ou per aclarir els vins. Els cellers donaven els nombrosos rovells d'ou que sobraven d'aquest procés als monestirs, que feien postres per recaptar diners per als pobres de la comunitat.

84 TARTES DE NATILLA PORTUGUESA

Pasteis De Nata

Aquestes pastes són probablement les postres preferides i més populars. Un cop hàgiu provat aquesta recepta i hàgiu experimentat com de fàcils són fer-les a casa, mai més les comprareu a una fleca.

Abans de començar, vull compartir amb vosaltres la història d'aquesta famosa pastisseria que es va fer per primera vegada fa més de 200 anys.

Les pastilles de flams d'ou portugueses, conegudes comunament com a Pastéis de Belem, són famoses a molts països del món. Els Pastéis de Belem originals es van fer per primera vegada al monestir dels Jerónimos de Belem, Lisboa l'any 1837.

Casa Pasteis de Belem es troba a la ciutat de Belem a Lisboa, Portugal. El nom oficial de la ciutat és "Santa Maria de Belem", però s'anomena "Belem". El nom "Belem" prové de la paraula portuguesa per "Betlem".

Moltes fleques han intentat replicar la recepta sense èxit. Els igualment famosos; "Pasteis de Nata", la seva versió copiada, s'ha convertit en un famós substitut de l'original a totes les fleques portugueses de Portugal i molts altres països del món.

El nom de la pastisseria va ser marca registrada l'any 1911, és a dir, l'empresa és l'única autoritzada per anomenar els famosos dolços amb aquest nom.

Us recomano provar aquesta recepta unes quantes vegades per acostumar-vos a la temperatura del vostre forn i al temps de cocció.

Fa uns 20

1 lliura de pasta de full descongelada (la vostra fleca local la pot vendre o trobar-la a la secció de congeladors de la vostra botiga de queviures)

2 tasses de llet sencera (ha de ser llet sencera, no baixa en greix o baixa en greix)

1 tassa i ½ de sucre

½ tassa de farina

1 tassa d'aigua

2 rodanxes de ratlladura de llimona

1 branca de canyella

7 rovells d'ou extra grans (temperatura ambient)

Canyella per guarnir

Preparació

Prepareu motlles i massa de magdalenes:

Unteu bé els motlles de magdalenes amb margarina. Les llaunes han de ser d'alumini o inoxidable. No utilitzeu motlles de forn amb recobriment antiadherent. També podeu utilitzar motlles de forn petites. La massa de pasta de full ha d'estar descongelada però ben freda. No utilitzeu massa calenta.

Col·loqueu la vostra massa de pastisseria a la taula de tallar i estireu-la a 1/8 de polzada de gruix. Retalla cercles de diàmetre per adaptar-se a la part inferior dels motlles de magdalenes i als costats.

Formeu la massa en closques en llaunes. Trobo que és més fàcil tallar la forma rodona en lloc de modelar-la per separat.

Si observeu que la massa s'escalfa massa, poseu-la a la nevera uns minuts perquè es refredi

Prepareu xarop de sucre:

En una cassola petita, escalfeu l'aigua i el sucre a foc mitjà i remeneu-ho bé. Porteu l'aigua amb sucre a ebullició i deixeu-ho bullir 3 minuts més. Retirar del foc, deixar refredar.

Instruccions per farcir la crema:

Col·loqueu ¾ de tassa de llet en un bol gran. Afegiu la farina i bateu fins que estigui suau. Deixar de banda.

Mentrestant, escalfeu la llet restant amb la ratlladura de llimona i la branca de canyella. Quan la llet arribi al punt d'ebullició, afegiu-hi la barreja de llet i farina i continueu batent bé fins que torni a bullir. Deixar de banda.

Deixeu que la barreja de llet i farina es refredi completament a la nevera durant 10 minuts.

Afegiu l'almívar de sucre en una gota molt fina a la barreja de llet mentre bateu fins que la mescla sigui cremosa i llisa.

Aboqueu la crema per un colador fi per agafar els grumolls.

Colar els rovells d'ou a través d'un colador de metall fi. Afegiu els rovells a la llet freda i bateu-ho bé fins que quedi homogeni i cremós.

Aboqueu la barreja d'ou a les paelles o ramequins folrats de massa fins que estiguin aproximadament ¾ de polzada.

Cuinar:

Coure en un forn preescalfat a 485 graus F durant 20 a 25 minuts fins que la crema bulli i es torni daurada.

Comproveu els vostres pastissos després de 15 minuts i cada pocs minuts per assegurar-vos que no es cremin. Deixeu refredar els pastissos durant uns 10 o 15 minuts.

Espolvorear amb canyella abans de servir, si ho desitja.

Observació:

Els pastissos de Ramekins poden trigar més a cuinar-se.

Depenent del vostre forn, és possible que no tingueu un color cremat a la crema, de manera que haureu de cuinar més temps.

85CUA D'ESPONJA PORTUGUESA

Pao de Lo

Aquest pastís lleuger i airejat és el pastís més famós i preferit de la nostra cuina. Aquest pastís és pràcticament lliure de greix, ja que no s'utilitza oli, mantega o greix a la recepta.

El pastís va tenir un gran èxit per Nadal fa uns anys quan els vaig regalar casolans juntament amb la targeta de receptes i la paella Bundt per cuinar-lo. Per a 1 pastís - Per a 10-12 persones

10 ous jumbo (temperatura ambient)

1 tassa i ½ de sucre

2 tasses de farina tamisada

¼ culleradeta de sal

1 culleradeta de llevat en pols

1 culleradeta de ratlladura ratllada (opcional)

Observació:

Vaig fer servir una poinsettia de seda. No utilitzeu poinsetties reals, són verinosos.

Els ous han d'estar a temperatura ambient. Col·loqueu els ous freds en un bol amb aigua tèbia durant uns 15 minuts abans de preparar la recepta.

Les paelles d'alumini funcionen millor per coure.

Utilitzeu una paella Bundt gran de 12 tasses.

Preparació

Bateu els ous en un bol gran fins que estiguin espumosos. Afegiu el sucre i bateu durant almenys 20 minuts fins que la massa quedi ben espessa. En aquest punt, afegiu llimona si voleu.

Observació: Bateu durant només 10 minuts si feu servir una batedora Kitchenaid fins que es formin pics rígids.

Mentre es baten els ous, tamiseu la farina, la sal i el llevat en un bol petit.

Afegiu la barreja de farina ¼ de tassa alhora a velocitat molt baixa o doblegueu-la amb una espàtula. Aquest procés només triga entre 3 i 5 minuts.

Unteu i empolseu un motlle gran amb farina i cobriu la vora superior amb paper de forn. Aboqueu amb compte la massa a la cassola, tenint cura de que no s'esgoti la massa.

Cuini a 350 graus F durant 45 minuts o fins que un escuradents surti net.

Deixeu refredar el pastís uns 10 minuts abans de treure-lo del motlle.

Traieu el paper de forn i poseu-ho en un plat de servir.

86ARRÒS DOLÇ DE LLIMONA

Arroz Doce

La canyella va ser descoberta a principis de 1500 per comerciants portuguesos a Ceilan conegut com; l'actual Sri Lanka. Avui dia, l'espècia s'utilitza en moltes de les postres riques en ous de Portugal, així com en plats salats. Aquest arròs amb llet està fet amb llet, canyella i ratlladura de llimona.

Serveis 8-10

3 tasses de llet sencera (escaldat)

3 rovells d'ou

1 tassa d'arròs (preferiblement gra curt)

2 tasses d'aigua

½ culleradeta de sal

1 o 2 rodanxes de ratlladura de llimona

1 tassa de sucre granulat

½ branca de canyella

Canyella en pols

Preparació

En una cassola gran i pesada, poseu a bullir l'aigua, la branca de canyella, la sal i la ratlladura de llimona. Afegir l'arròs, portar a ebullició i coure a foc mitjà fins que s'hagi evaporat tota l'aigua.

Afegiu-hi la llet calenta i deixeu-ho coure a foc lent durant almenys 25 minuts, remenant de tant en tant.

Afegiu-hi el sucre, remeneu-ho i deixeu-ho coure 5 minuts més i retireu la cassola del foc.

Mentrestant, batem els rovells d'ou. Tempreu els ous afegint unes quantes cullerades de la barreja d'arròs als ous i barregeu-ho bé.

Afegiu els ous a l'arròs i remeneu-ho bé a la paella.

Observació:

Assegureu-vos que l'arròs no bulli, però deixeu coure els ous a l'arròs calent durant aproximadament 1 minut.

Retirar del foc. Traieu la ratlladura de llimona i la branca de canyella.

Abocar en un bol pla i decorar amb canyella en pols.

87 ÀNGEL SEU POSTRES DE PASTA

Aletria

Serveix per Nadal i ocasions especials, aquest postre de fideus d'ou s'elabora amb els mateixos ingredients bàsics que el sempre popular Arroz Doce, arròs amb llet. Serveis 8-10

7 tasses de llet sencera

6 ous

1 tassa i ½ de sucre

1 culleradeta de sal

1 branca de canyella

2 rodanxes de ratlladura de llimona

1 paquet (12 oz.) de fideus d'ou molt fins

Preparació

Aboqueu la llet, el sucre, la sal i la branca de canyella en una cassola gran i deixeu-ho bullir, remenant constantment.

Mentrestant, batre els ous en un bol petit i barrejar lentament una mica de llet escalfada amb els ous i remenar. Deixar de banda.

Trenqueu els fideus i afegiu-los a la llet bullint. Remeneu constantment fins que els fideus estiguin cuits i retireu-los del foc.

Afegiu lentament la barreja d'ou als fideus cuits i remeneu.

Traieu la ratlladura de llimona i la branca de canyella.

Aboqueu la barreja en un bol gran i deixeu-ho refredar completament.

Espolvorear o decorar amb canyella i servir.

88MASA FREGIDA AMB SUCRE I CANYELLA

filhose

Els filhóses s'elaboren estirant la massa a trossos i després fregint-la en oli calent. Moltes famílies tenen les seves pròpies receptes i segueixen les tradicions d'elaboració d'aquestes postres amb cada generació. La pastisseria és molt popular en dies festius com Pasqua, Nadal, Cap d'Any i moltes celebracions. Fa unes 3 dotzenes

9 tasses de farina per a tot ús

1 tassa de sucre

1 i ½ culleradeta de sal

6 ous

1 pal de margarina (8 cullerades)

1 culleradeta de ratlladura de llimona o taronja

2 tasses de llet sencera

¼ tassa de suc de taronja fresc

Oli per fregir (oli de blat de moro o oli vegetal funciona millor)

Ingredients per fer el llevat inicial:

3 cullerades de farina

½ culleradeta de sucre

2 paquets de llevat sec

½ tassa d'aigua tèbia

Preparació

Primer pas:

Barregeu els ingredients amb el llevat inicial i reserveu fins que es formin bombolles.

Segon pas:

Poseu la llet i la mantega en una cassola a foc lent fins que la mantega es fongui.

En un bol gran, combineu els ous, la sal, el sucre, la ratlladura de llimona i el suc de taronja. Batre amb una batedora elèctrica durant 2 minuts.

Afegiu-hi la llet i la mantega i barregeu-ho durant 30 segons. Afegiu la barreja de llevat i la farina i amasseu bé fins que la massa sigui elàstica i llisa.

Tapa i deixa reposar 30 minuts. Punxeu la massa, tapeu-la i deixeu-la pujar fins que dobli.

Escalfeu l'oli en una fregidora a 375 graus.

Estireu trossos de massa en tires fines de la mida desitjada d'uns 3 per 4 polzades.

Fregir fins que estigui daurat. Escórrer sobre paper de cuina. Empolsem amb sucre granulat

www.ingramcontent.com/pod-product-compliance
Lightning Source LLC
Chambersburg PA
CBHW070417120526
44590CB00014B/1431